VOM TYRANNOSAURUS ZUM HUHN

Jingmai O'Connor

Illustrationen von
Maria Brzozowska

Übersetzung von
Susanne Schmidt-Wussow

KNESEBECK

Titel der Originalausgabe: When Dinosaurs Conquered the Skies

Erschienen bei words & pictures, London 2022
words & pictures ist ein Imprint von
The Quarto Group, London, Großbritannien

Editor: Nancy Dickmann
Editorial Assistant: Alice Hobbs
Art Director: Susi Martin
Associate Publisher: Holly Willsher
Designer: Karen Hood

Deutsche Erstausgabe

Ein Unternehmen der Média-Participations
Projektleitung: Theresa Scholz, Knesebeck Verlag
Lektorat: Gerdi Killer, booklab GmbH, München
Umschlagadaption: Leonore Höfer, Knesebeck Verlag
Übersetzung und Satz: Susanne Schmidt-Wussow, Berlin
Printed in China
ISBN 978-3-95728-751-9

www.knesebeck-verlag.de

MIX
Papier | Fördert gute Waldnutzung
FSC® C008047

„Für meine inspirierende Familie.“
JOC

„Für Kosma.“
MB

INHALT

FASZINIERENDE VÖGEL

Vögel sind unglaublich faszinierend. Sie können fliegen, laufen, schwimmen und klettern. Sie singen und tanzen. Es gibt sie in allen möglichen Formen und Größen und in vielen prächtigen Farben. Und sie sind klug: Manche können sogar Werkzeuge benutzen und lesen! Aber wie ist diese wunderbare Tiergruppe überhaupt entstanden? Und wieso gibt es heute so viele unterschiedliche Vögel?

Überall Vögel

Wusstest du, dass es etwa 10 000 lebende Vogelarten gibt? Einige Fachleute schätzen, es könnten sogar bis zu 18 000 sein! Im Gegensatz dazu gibt es derzeit „nur" rund 6500 Säugetierarten. Wir leben in der Erdneuzeit. In der Wissenschaft wird diese oft das „Zeitalter der Säugetiere" genannt – aber vielleicht sollte es stattdessen eher „Zeitalter der Vögel" heißen!

Vögel sind einzigartig

In einem Merkmal unterscheiden sich Vögel ganz eindeutig von anderen Tieren: ihren Federn. Aber auch in ihrem Körper ist einiges anders: Vögel wachsen, atmen und verdauen anders als andere Tiere. Tatsächlich unterscheiden sich Vögel so sehr von anderen heute lebenden Tieren, dass es lange ein Rätsel war, wie sie entstanden sind! In diesem Buch wollen wir erkunden, wie die Vögel zu Vögeln wurden und wie wir Menschen dies herausfanden.

Vögel sind so anders, dass wir lange gebraucht haben, um zu erkennen, dass sie eigentlich Reptilien sind! Die Krallen des Hoatzin gaben erste Hinweise darauf.

Vogelpower!

Vögel sind zu unglaublichen körperlichen Leistungen fähig, zum Beispiel zum Fliegen. Fliegen verbraucht mehr Sauerstoff und Energie als Laufen oder Schwimmen. Trotzdem können Streifengänse über Gipfel im Himalaja fliegen, die mehr als acht Kilometer hoch sind. Viele andere Vögel wie die Pfuhlschnepfen ziehen Tausende Kilometer weit und fliegen dabei bis zu elf Tage, ohne zu landen. So etwas schaffen Vögel nur wegen ihres einzigartigen Körpers. Einige Merkmale haben sie von den Dinosauriern geerbt, andere Anpassungen tauchten während der Entwicklung zum heutigen Vogel auf.

Wie geht Wissenschaft?

Viele Vorstellungen aus der Vergangenheit haben sich als falsch erwiesen. Das kommt daher, dass man früher noch nicht alle Teile des Puzzles kannte. Aber so funktioniert Wissenschaft! Man stellt mit den verfügbaren Informationen eine Hypothese auf (als ob man Puzzlestücke zusammensetzt), und wenn später neue Informationen dazukommen, zeigen sie manchmal, dass man sich geirrt hat. Dann korrigiert man seine Hypothese. Fehler gehören dazu. Der berühmte Wissenschaftler Isaac Newton sagte einmal: „Wenn ich weiter sehen konnte, so deshalb, weil ich auf den Schultern von Riesen stand." Damit meinte er, dass jeder wissenschaftliche Fortschritt auf der Arbeit aufbaut, die die Generationen vor uns geleistet haben.

Dinosaurier!

Wenn du einen Spatz siehst, ist dir sicher nicht klar, dass du einen Dinosaurier beobachtest! Wir lernen, dass die Dinosaurier vor 66 Millionen Jahren ausgestorben sind, aber das stimmt nicht ganz. Eine Gruppe hat überlebt und wurde äußerst erfolgreich: die Vögel! Wir nennen diese Gruppe Aves, was auf Deutsch „Vogel" bedeutet. Heute wissen wir: Da Dinosaurier Reptilien sind und Vögel Dinosaurier, sind Vögel eigentlich Reptilien! Um es nicht zu kompliziert zu machen, meinen wir in diesem Buch mit „Dinosaurier" die nicht vogelartigen Dinosaurier und mit „Vögel" die vogelartigen Dinosaurier.

FOSSILIEN UND GEOLOGISCHE ZEIT

Heute wissen wir, dass sich mehrere Dinosauriergruppen in die Lüfte schwangen und eine Gruppe schließlich die Oberhand gewann. Und welche Beweise fand man dafür? Fossilien! Fossilien sind selten und schwer zu finden, aber da sie über die letzten rund 160 Jahre gesammelt wurden, entstand allmählich ein Bild davon, woher die Vögel kamen und wie sie so wurden, wie sie heute sind.

Geologische Zeitskala,
600 Millionen Jahre vor unserer Zeit bis heute

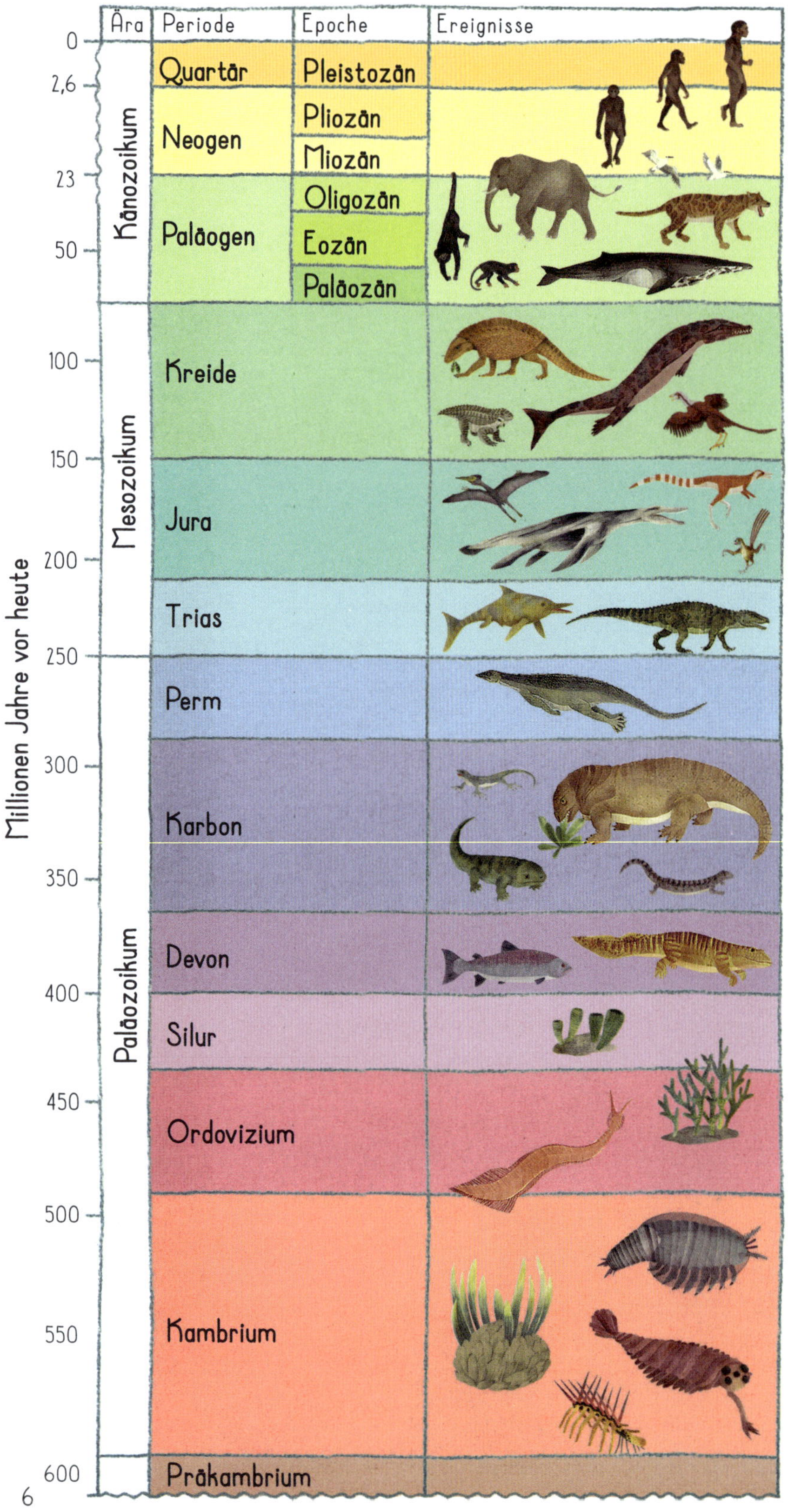

Ein Tag Geschichte

Die Erde entstand vor etwa 4,65 Milliarden Jahren. Solche Zeiträume können Menschen kaum erfassen, aber stellen wir uns einmal vor, die gesamte Erdgeschichte wäre nur 24 Stunden lang. Die Erde entstand also um Mitternacht. Um 6 Uhr morgens entwickeln sich erste mikroskopische Lebensformen, die Landpflanzen tauchen kurz vor 22 Uhr auf. Die ersten Vögel entstehen um 23:10 Uhr. Den ersten Menschen gibt es erst eine Sekunde vor Mitternacht!

Geologische Zeitskala

Wir unterteilen die lange Geschichte der Erde in Abschnitte. Die ersten vier Milliarden Jahre heißen Präkambrium. Die übrige Erdgeschichte besteht aus drei Ären: Paläozoikum (541–252 Millionen Jahre vor heute), Mesozoikum (252–66 Millionen Jahre vor heute) und Känozoikum (66 Millionen Jahre vor heute bis heute). Jedes Zeitalter wird in Perioden unterteilt, dann in Epochen und dann in Alter. Unsere Geschichte beginnt im Mesozoikum, das sich in die Perioden Trias, Jura und Kreide teilt.

Sedimentgestein

Alles Gestein auf der Erde gehört zu einem von drei Grundtypen: magmatisch, Sedimentgestein oder metamorph. Die meisten Fossilien werden in Sedimentgestein gefunden. Es entsteht, wenn kleine alte Steine sich ablagern und zu neuem Gestein zusammengedrückt werden, wie Sandstein. Manchmal werden dabei Überreste von Lebewesen mit eingeschlossen. Sie verraten uns, wie das Leben aussah, als das Gestein entstand, und wie alt das Gestein ungefähr ist.

Fossilien benennen

Wer einen neuen lebenden oder ausgestorbenen Organismus entdeckt, darf ihm einen Namen geben! Das Benennungssystem, das wir benutzen, fängt auf der untersten Stufe mit der Art an. Von da aus geht es in immer größere Gruppen mit weiteren Namen, die aus mehreren Arten bestehen. Der Vogel, den wir Haussperling oder Spatz nennen, trägt zum Beispiel den wissenschaftlichen Namen ***Passer domesticus.*** Dabei ist ***Passer*** die Gattung, zu der noch viele andere Sperlingsarten gehören. Die Gattung ***Passer*** gehört zu einer größeren Familie, den Passeridae. Die Passeridae gehören zu einer größeren Ordnung, den Passeriformes. Die Passeriformes sind die größte Ordnung lebender Vögel und umfassen 6500 Arten – das sind zwei Drittel aller bekannten Vogelarten!

WAS SIND FOSSILIEN?

Die Überreste von Lebewesen, die in Sedimentgestein eingeschlossen wurden und erhalten blieben, werden „Fossilien" genannt. Jede Lebensform, von winzigen Bakterien bis zum riesigen ***Tyrannosaurus rex***, kann ein Fossil werden, wenn es unter den richtigen Bedingungen verschüttet wurde. Fossilien können Körperteile sein oder Spuren, die von Lebewesen hinterlassen wurden, als sie noch lebten, etwa fossile Fußspuren. Wenn ein Lebewesen stirbt und verschüttet wird, ersetzen Mineralien in dem Wasser, das ins Gestein sickert, Teile des Körpers. Meist widerstehen nur harte Körperteile wie Schalen oder Knochen der Verwesung, um zu Fossilien zu werden.

Aus den versteinerten Überresten, die wir in Sedimentgestein finden, wissen wir, wie ausgestorbene Tiere ausgesehen haben.

Metamorphes Gestein

Neues Gestein, das in einem Vulkan entsteht, wird irgendwann ausgewaschen und bildet Sedimentgestein. Dieses enthält die Überreste von Tieren, die zu diesem Zeitpunkt lebten.

Magmatisches Gestein entsteht, wenn geschmolzenes Gestein abkühlt.

ERSTE FOSSILIEN: ENTDECKUNG DER DINOSAURIER

Wahrscheinlich sammelten Menschen über Jahrtausende Fossilien, ohne wirklich zu verstehen, was sie waren. Legenden über Drachen in Asien und Europa sind vielleicht entstanden, als man Fossilien großer, ausgestorbener Reptilien wie der Dinosaurer fand.

Fossilien untersuchen

Der griechische Philosoph Xenophanes fand im 6. Jahrhundert v. Chr. Muschelschalen in Steinen an Land und erkannte, dass dieses Land vor langer Zeit unter Wasser gelegen hatte. Mehr als 1500 Jahre später machte der chinesische Naturwissenschaftler Shen Kuo ähnliche Entdeckungen. Er verstand als Erster anhand von Fossilien, dass das Klima sich im Laufe der Zeit verändert hatte.

Im 16. Jahrhundert begann man in Europa, ein System in die Natur zu bringen, und sammelte viele Fossilien urzeitlicher Lebewesen. Man wusste jedoch immer noch nicht, was man da eigentlich vor sich hatte. In dieser Zeit entstand auch der Begriff „Fossil". Auf Deutsch bedeutet es ganz einfach „etwas Ausgegrabenes".

Erstes Dinosaurierfossil

Das erste Dinosaurierfossil in der Geschichte der westlichen Wissenschaft wurde in England entdeckt und 1677 von einem Mann namens Robert Plot beschrieben. Er wusste aber nicht, was er da gefunden hatte – das Wort „Dinosaurier" gab es noch nicht! Es war der untere Teil eines Oberschenkelknochens und so groß, dass Plot wusste, es stammte nicht von einem Tier, das damals lebte. Zuerst dachte er, es käme von einem römischen Kriegselefanten, später hielt er es für die Überreste einer Sagengestalt, etwa eines Riesen oder Titanen. Tatsächlich war es der Oberschenkelknochen eines Dinosauriers, den wir heute *Megalosaurus* nennen.

Die fantastische Mary Anning

Mary Anning (1799–1847) fand zwar keine Dinosaurier, doch als größte Fossiliensammlerin des 19. Jahrhunderts müssen wir sie hier erwähnen. Anning lebte in Lyme Regis in Südengland, wo ihre Familie Fossilien an Touristen verkaufte. Das Gestein dort enthält Fossilien von Meerestieren aus dem Jura, etwa Ammoniten (eine ausgestorbene Gruppe von Kopffüßern). Dank unermüdlichen Suchens fand Anning mit ihrem Bruder auch die Überreste großer ausgestorbener Meeresreptilien, darunter den ersten ***Ichthyosaurus*** und mehrere Plesiosaurier. Sie entdeckte sogar Englands erste Überreste fliegender Reptilien, der Pterosaurier. Weil sie eine Frau war, wurde sie zu Lebzeiten nie geehrt, aber heute können wir das nachholen!

Dinosaurierfunde in England

Zwischen 1815 und 1824 sammelte William Buckland die versteinerten Überreste eines großen Reptils, das er ***Megalosaurus*** nannte (griechisch für „große Echse"). 1825 beschrieb Gideon Mantell die Überreste eines anderen großen Reptils. Er fand, dass das Skelett einem Leguan ähnelte, auf Englisch *iguana*, und nannte diese neue Art daher ***Iguanodon***. 1832 beschrieb Mantell ein weiteres merkwürdiges Fossil, dem er den Namen ***Hylaeosaurus*** gab. Heute wissen wir, dass alle drei Reptilien Dinosaurier waren.

Endlich ein Name!

Englands Wissenschaftsgemeinde interessierte sich sehr für diese merkwürdigen Funde. Der Paläontologe Sir Richard Owen erkannte, dass ***Iguanodon*** und ***Megalosaurus*** einige Merkmale teilten und zu einer Gruppe gehörten. 1841 gab er diesen Reptilien wegen ihrer gewaltigen Größe den Namen „Dinosaurier" (das bedeutet „schrecklich große Echsen"). Owen half bei der Einrichtung des Naturhistorischen Museums in London, wo die wachsende Sammlung versteinerter Überreste ausgestellt wurde.

STAMMBAUM DER DINOSAURIER

Vögel sind Dinosaurier, aber nicht alle Dinosaurier sind Vögel. Die Dinosaurier bilden eine Gruppe aus verschiedenen Arten in allen Größen und Formen. Es gibt sie seit etwa 242 Millionen Jahren, und der Zweig der Familie, der die Vögel stellt, ist noch immer sehr erfolgreich! Alle Dinosaurier haben einen gemeinsamen Vorfahren. Aus diesem unbekannten Urahn, der klein war und auf zwei Beinen lief, entwickelten sich verschiedene Familien so, dass sie optimal an ihre Umwelt angepasst waren. Eng verwandte Dinosaurier haben viele gemeinsame Merkmale.

ZWEI GRUPPEN

Früh in ihrer Entwicklung teilten sich die Dinosaurier in zwei Gruppen: die Vogelbeckensaurier (Ornithischia) und die Echsenbeckensaurier (Saurischia), nach der Lage der Knochen im Becken. Zu den Vogelbeckensauriern gehören alle gepanzerten Dinosaurier wie Stegosaurier, Ceratopsia, Ankylosaurier und Dickkopfsaurier. Auch die Entenschnabelsaurier gehören dazu. Fast alle Vogelbeckensaurier waren Pflanzenfresser.

Überraschenderweise gehören Vögel zu den Echsenbeckensauriern! Denn sie entstanden aus Dinosauriern, deren Beckenknochen nach vorn zeigten. Zu den Echsenbeckensauriern zählen die langhalsigen Sauropoden wie *Diplodocus*. Einige Sauropoden waren gewaltige Wesen, die auf vier dicken Beinen herumstapften, aber die frühesten Arten (die Prosauropoden) waren klein und liefen auf zwei Beinen.

VOGELBECKENSAURIER

ECHSENBECKENSAURIER

DINOSAURIER IM WASSER?

Es gibt viele ausgestorbene Reptilien, die wir für Dinosaurier halten, obwohl sie eigentlich nicht zu dieser Gruppe gehören. Die Plesiosaurier zum Beispiel, langhalsige Meeresreptilien, sind keine Dinosaurier, und auch nicht die grimmigen Mosasaurier oder die delfinartigen Ichthyosaurier. Tatsächlich gab es nie einen Dinosaurier, der ganz im Wasser lebte. Einige, wie die Spinosaurier, gingen im Wasser auf Nahrungssuche und waren gute Schwimmer, aber sie schliefen und vermehrten sich an Land.

Plesiosaurier sind keine Dinosaurier!

Theropoden

Vögel gehören zu einer Untergruppe der Echsenbeckensaurier, zu den zweibeinigen Theropoden. In dieser Gruppe finden sich auch berühmte Beispiele wie *T. rex* und *Velociraptor*. Alle Theropoden sind biped, bewegen sich also auf zwei Beinen fort. Dadurch konnten die Vordergliedmaßen (Arme) neue Funktionen übernehmen, bei den Vögeln etwa das Fliegen. Die meisten Theropoden waren Fleischfresser.

Reptilien

Dinosaurier sind Reptilien. Also sind auch Vögel Reptilien! Wir denken aber nicht an Vögel, wenn wir „Reptilien" hören, weil wir das bis vor Kurzem gar nicht wussten. Stattdessen hat die Wissenschaft einen anderen Namen für die Gruppe aller Reptilien einschließlich der Vögel: Sauropsiden. Es gibt viele Reptiliengruppen. Dinosaurier und Krokodile gehören zu einer anderen Gruppe als Echsen und Schlangen.

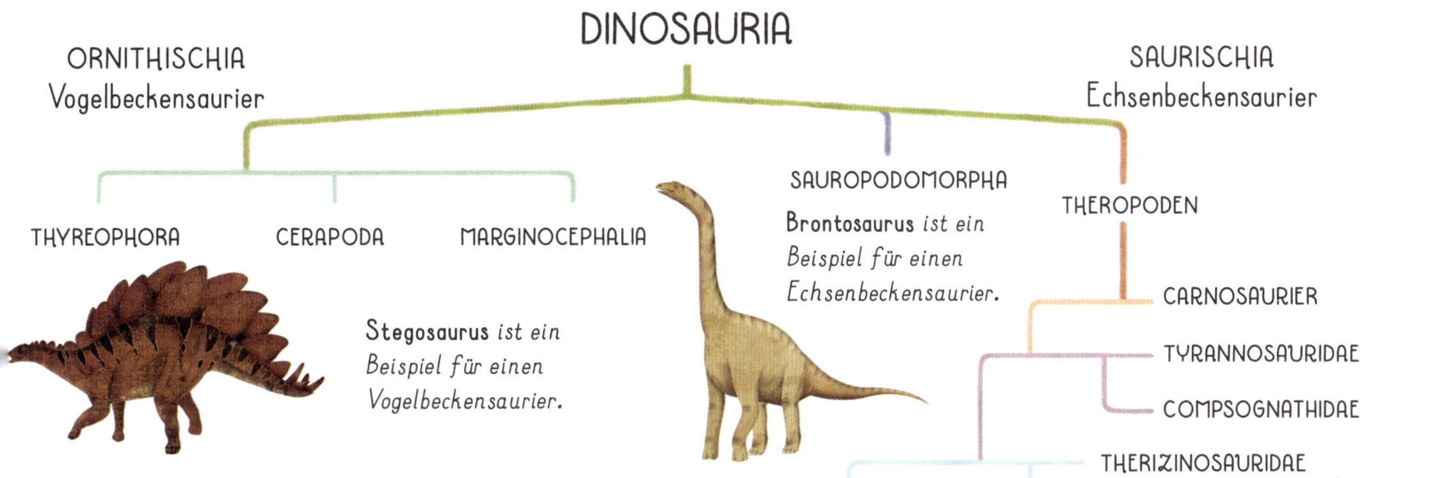

Welche Dinosaurier sind am engsten verwandt?

Wir wissen immer noch nicht genau, welche Gruppe von Dinosauriern mit den Vögeln am engsten verwandt ist. Drei Gruppen kommen infrage: Oviraptorosauria (zu denen *Caudipteryx* und *Oviraptor* gehören), Dromaeosauridae (mit *Microraptor*, *Rahonavis* und *Deinonychus*) und Troodontidae (unter denen sich *Anchiornis* und *Troodon* finden). Dies sind die einzigen Dinosauriergruppen mit Federn, wie sie heutige Vögel haben. Zusammen bilden sie die Gruppe Pennaraptora. Es gibt viele Hinweise darauf, dass diese Gruppen eng mit den Vögeln verwandt sind. Einige Oviraptorosaurier zum Beispiel brüteten Eier aus wie heutige Vögel, und am Fossil eines Troodontiden erkennt man, dass er mit dem Kopf unter dem Flügel schlief.

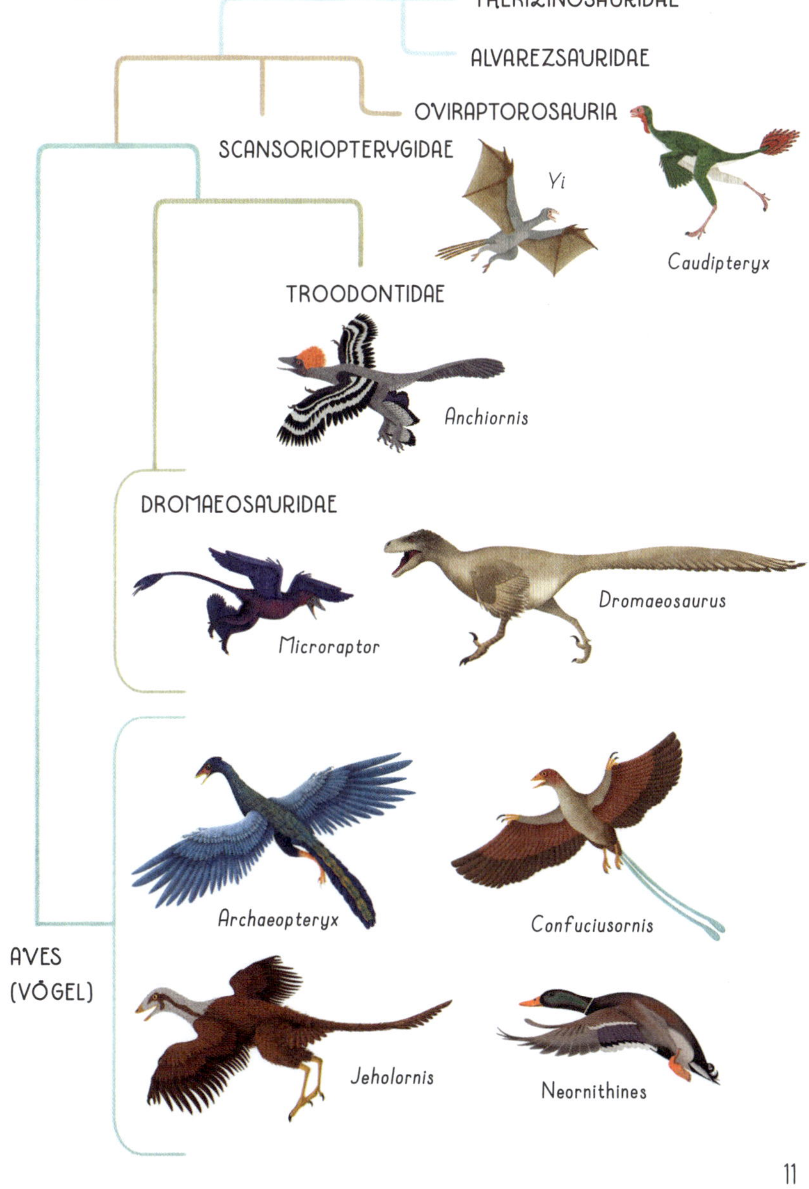

DER JUNGE DARWIN

Fossilien sind für die Paläontologie (die Wissenschaft, die sich mit ausgestorbenen Tieren und Pflanzen beschäftigt) sehr wichtig, weil sie zeigen, wie sich Lebewesen über die Zeit verändert – oder entwickelt – haben. Warum ist die Veränderung so wichtig? Um sie zu verstehen, musste die Wissenschaft erst begreifen, *wie* sie stattfindet. Das herauszufinden war ein echter wissenschaftlicher Durchbruch, den wir hauptsächlich der Arbeit eines Naturforschers namens Charles Darwin verdanken. Dass er so genau verstand, welche Vorgänge die Evolution antreiben, war das Ergebnis eines ganzen Wissenschaftlerlebens.

Ein junger Sammler

Darwin wurde 1809 geboren und wuchs in Shrewsbury auf, einem Marktflecken auf dem englischen Land. Damals gab es noch keine Tablets oder Videospiele. Er spielte draußen und schon als kleiner Junge faszinierte ihn die Natur. Zum Spaß sammelte er verschiedene Arten von Käfern, Nachtfaltern, Muscheln, Vogeleiern und Mineralien und beobachtete Vögel. Bereits in jungen Jahren war Darwin also ein angehender Naturforscher.

Berufswahl

Darwins Vater war ein erfolgreicher Arzt. Wie viele Eltern wünschte er sich, dass sein Sohn in seine Fußstapfen trat. Darwin hatte aber keine Nerven für die Chirurgie und vernachlässigte sein Studium. Frustriert schickte sein Vater ihn in eine Ausbildung als Geistlicher. Doch Darwin interessierte sich weiterhin vor allem für die Natur. Trotz seiner ausgezeichneten Noten war er lieber draußen unterwegs und sammelte Käfer.

Geospiza magnirostris

Geospiza fortis

Geospiza parvula

Certhidea olivacea

DARWINS FINKEN

Auf den Galapagosinseln beobachtete Darwin verschiedene Finkenarten. Sie hatten sehr unterschiedlich geformte Schnäbel. Erst ordnete Darwin diese Finken vielen unterschiedlichen Gruppen zu, wurde jedoch nach seiner Rückkehr nach England von einem Ornithologen (einem Vogelkundler) korrigiert. Die verschiedenen Arten waren eng miteinander verwandt, fraßen aber unterschiedliche Nahrung. Die Ähnlichkeit zwischen den Vögeln auf Galapagos und dem südamerikanischen Festland half Darwin dabei, seine Evolutionstheorie auszuarbeiten.

Grundfink auf Galapagos

HMS *Beagle*

1831 empfahl einer von Darwins Lehrern ihn für eine Stelle als Naturforscher auf dem Schiff HMS *Beagle*. Es sollte zwei Jahre lang die Küste Südamerikas erforschen. Darwin musste für seine Fahrt selbst zahlen. Sie dauerte fast fünf Jahre und führte ihn einmal um die ganze Welt. Auf der Reise studierte Darwin die Geologie vor Ort und nahm Proben von Pflanzen und Tieren. In Patagonien sammelte er auch Fossilien. Er machte sich gründliche Notizen zu allen Beobachtungen und beschrieb in vielen Briefen nach England, was er gesehen und gelernt hatte. Diese Briefe machten ihn zu Hause berühmt.

Strauß

Exotische Geschmäcker

Darwin wollte auch wissen, wie exotische Tiere schmeckten. In Cambridge gründete er den Gourmet Club, in dem die Tiere verspeist wurden. Einige Experimente waren erfolgreicher als andere – Waldkauz zum Beispiel schmeckt überhaupt nicht! Diese Gewohnheit setzte Darwin auch auf der HMS *Beagle* fort und aß alle möglichen Tiere, die ihm auf seiner Reise begegneten, wie Strauß, Puma und Gürteltier.

DARWINS IDEE

Im frühen 19. Jahrhundert, als immer mehr Fossilien gesammelt wurden, erkannten einige Wissenschaftler, dass sich die Tiere im Laufe der Zeit verändert hatten und dass einige ausgestorben waren. Vor Darwin gab es mehrere Erklärungen für diese Veränderungen, aber keine wurde allgemein anerkannt.

Lamarckismus

Die erste echte Evolutionstheorie kam vom französischen Naturforscher Jean-Baptiste de Lamarck. Er behauptete, dass Lebewesen sich an ihre Umgebung anpassten, indem sie bestimmte Eigenschaften nutzten (oder nicht). Zum Beispiel dachte er, dass Giraffen einen langen Hals hätten, weil sie sich nach Blättern in den Bäumen streckten. Dadurch würde ihr Hals immer länger, und das würden sie an ihre Nachkommen vererben. Das war aber nicht Lamarcks einziger Irrtum – er dachte auch, Vögel seien mit Schildkröten verwandt, da beide einen Schnabel haben.

SCHNELL EIN BUCH!

Ein anderer Naturforscher, Alfred Russel Wallace, kam zu denselben Schlüssen wie Darwin. Er schrieb ihm einen Brief über seine Theorie und Darwin wurde klar, dass er seine Erkenntnisse veröffentlichen musste, sonst würde Wallace ihm zuvorkommen. In der ersten Veröffentlichung 1858 stellten Darwin und Wallace ihre Ideen gemeinsam vor. Im folgenden Jahr brachte Darwin schließlich sein Buch mit dem Titel *Über die Entstehung der Arten* heraus. Es wurde sofort zum Bestseller.

Eine Idee nimmt Form an

Darwins Beobachtungen während seiner Reise auf der HMS *Beagle* bestätigten ihm, dass sich Arten verändern. Nach seiner Rückkehr nach England las er Arbeiten von Thomas Malthus, der schrieb, dass in der menschlichen Gesellschaft beschränkte Ressourcen zu einem Wettbewerb um das Überleben führen. Darwin beobachtete auch, wie Tierzüchter Merkmale verstärkten, indem sie bestimmte Tiere miteinander kreuzten. Aus all diesen Erkenntnissen entwickelte Darwin die Theorie, die ihn berühmt machte: In der Natur stehen Lebewesen in einem Wettbewerb um das Überleben. Die besser angepassten haben größere Chancen, zu überleben und sich fortzupflanzen. Sie geben ihre genetischen Merkmale an ihre Nachkommen weiter. Auf diese Weise verändern sich Arten über die Zeit und einige sterben aus. Er nannte diesen Vorgang **natürliche Selektion**.

Fehlendes Bindeglied

Darwin meinte, dass es ausgestorbene Tiere geben müsste, die Veränderungen durch die Evolution beweisen könnten: Sie müssten Merkmale der Gruppe zeigen, aus der sie sich entwickelt hatten, und auch der Gruppe, die später aus ihnen wurde. Damals kannte man keine Fossilien solcher Übergangsformen. Zwei Jahre später wurde *Archaeopteryx* entdeckt, ein fossiler Vogel mit einem langen Reptilienschwanz und einem Schnabel voller Zähne. Darwin schien nicht sehr begeistert von dieser Übergangsform, weil ältere fossile Fußspuren riesiger Tiere mit drei Zehen als Beweis für Riesenvögel galten, die vor *Archaeopteryx* lebten. Heute wissen wir, dass sie von nichtvogelartigen Theropoden stammten.

Sind Vögel Dinosaurier?

Thomas Huxley gehörte zu Darwins größten Unterstützern in der Debatte um die natürliche Selektion. Er verglich das erste *Archaeopteryx*-Skelett mit *Compsognathus*, einem kleinen Dinosaurier aus demselben Gestein. Daraufhin stellte er die Theorie auf, dass Vögel von kleinen, zweibeinigen, fleischfressenden Dinosauriern abstammten. Und er hatte recht! Doch die Wissenschaftsgemeinde stimmte ihm erst mehr als 100 Jahre später zu.

Compsognathus

Microraptor

Microraptor
Fossil

WO SIND DIE VOGELFOSSILIEN?

Vögel gibt es mindestens seit 155 Millionen Jahren, aber sie hinterließen nur sehr wenige Fossilien. Das macht es schwierig zu verstehen, wie sie sich entwickelt haben. Fossilien bestehen normalerweise aus dem Skelett eines Tieres. Die Form der Knochen gibt Hinweise auf die Weichteile wie Muskeln oder Haut. Unter bestimmten Bedingungen können aber auch Spuren von Weichgewebe erhalten bleiben – und sie erzählen uns spannende Geschichten!

Klein, dünn und hohl

Vogelfossilien sind aus drei Gründen selten: Ihre Knochen sind dünn, oft hohl und klein. Je schwerer ein Vogel ist, desto mehr Kraft braucht er zum Flügelschlagen. Deshalb sind die meisten Vögel relativ klein. Die Wände ihrer Knochen sind im Vergleich zu anderen Wirbeltieren dünn; so bleiben sie leichter und können besser fliegen. Kleine, empfindliche, hohle Knochen werden durch geologische Vorgänge schneller zerstört und sind deshalb seltener als Fossilien zu finden.

Vögel haben einen leichten Körper, angepasst für ein Leben in der Luft.

Fossilien, das Fenster in die Vergangenheit

Der beste Ort, um Vogelfossilien zu finden, sind Ablagerungen in Seen. Flüsse spülen ständig Sedimente in den See. Das bedeutet, wenn ein Vogel stirbt und in einen See fällt, sinkt er auf den Grund und wird von diesen Flusssedimenten zugedeckt. Seeböden sind anoxisch, es gibt dort also keinen Sauerstoff – ideale Bedingungen für die Bakterien, die beim Entstehen von Fossilien helfen. Warum sucht man dann nicht einfach nach Gestein aus alten Seen? Na ja, Seen sind relativ klein und nach geologischen Maßstäben werden sie nicht alt. Es ist also gar nicht so einfach, Gestein zu finden, das in alten Seen entstand.

WIE WIR VOGELFOSSILIEN FINDEN

Zum Fossiliensammeln braucht man viel Zeit und Geduld. Manchmal vergehen Tage (oder sogar Wochen) ohne einen einzigen Fund. Die meisten Vogelfossilien stammen aus alten Seen oder Lagunen. Ihr Gestein ist feinkörnig und besteht aus dünnen Schichten. Dort entfernt man das Gestein vorsichtig, Schicht für Schicht, und untersucht es auf Fossilien. Vogelfossilien sind auch in anderen Ablagerungen wie ehemaligen Sanddünen oder Flüssen zu finden, aber sie sind selten und oft unvollständig. Gerade deswegen brauchen wir jedes Vogelfossil, um zu verstehen, wie Vögel sich entwickelt und Dinosaurier fliegen gelernt haben.

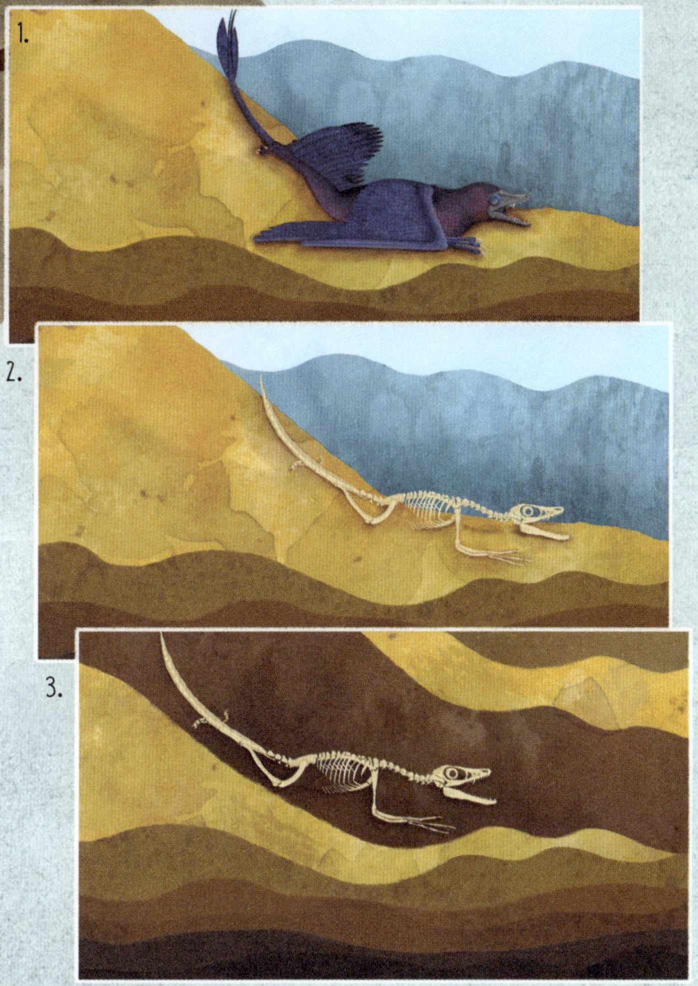

1. Ein Microraptor sinkt auf den Grund eines Sees.
2. Fleisch und Federn verwesen, nur das Skelett bleibt übrig.
3. Im Laufe der Zeit versteinert der Microraptor unter den Gesteinsschichten.
4. Millionen Jahre später wird das Microraptor-Fossil entdeckt und behutsam freigelegt.

Weichgewebe

Knochen und andere harte Körperteile wie Schalen versteinern am ehesten. Mit Weichgewebe wie Haut und Muskeln kann dies ebenso passieren, wenn auch nicht oft. Durch diese seltenen Weichgewebespuren wissen wir viel darüber, wie sich Vögel entwickelt und Dinosaurier fliegen gelernt haben. Welche Vorgänge nötig sind, damit Weichgewebe versteinert, wissen wir jedoch immer noch nicht genau. Am ehesten geschieht das in Wasser fast ohne Sauerstoff. Unter diesen anoxischen Bedingungen bilden anaerobe Bakterien Biofilme, die das Weichgewebe lange genug stabilisieren, bis es durch Mineralien ersetzt werden kann. Das verhindert auch, dass Aasfresser den Kadaver fressen. Wichtig ist, dass der Kadaver schnell verschüttet wird, bevor das Weichgewebe verwesen kann.

ARCHAEOPTERYX

Das wichtigste Vogelfossil, das je entdeckt wurde, ist *Archaeopteryx*. Man könnte sogar sagen, das wichtigste Fossil überhaupt! *Archaeopteryx* ist ein Symbol der Evolution und eine Berühmtheit unter den Fossilien. Bei seiner Entdeckung 1861 war er der älteste und primitivste Vogel, den man damals kannte – und diese beiden Rekorde hält er noch bis heute!

Vogel aus dem Jura

Archaeopteryx stammt aus Gestein in Süddeutschland, das zwischen 155 und 150 Millionen Jahre alt ist. Er ist der einzige eindeutige Vogel in Ablagerungen aus dem Jura. Alle anderen Vögel aus dem Mesozoikum stammen aus der jüngeren Kreidezeit. Deshalb ist *Archaeopteryx* sehr wichtig, um die frühesten Schritte im Übergang vom nichtvogelartigen Dinosaurier zum Vogel zu verstehen.

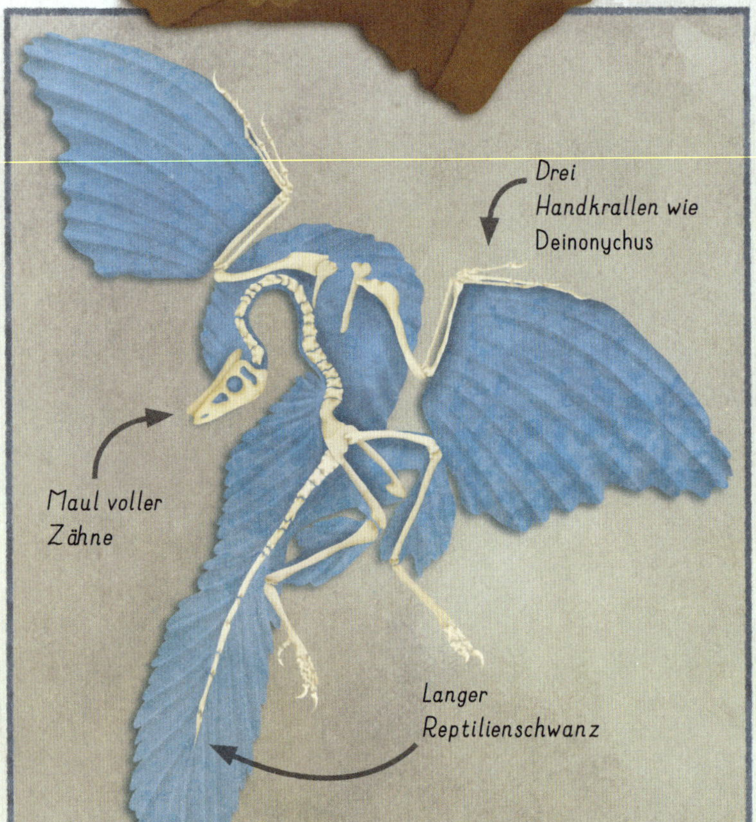

Gewichtig

Archaeopteryx war etwa so groß wie eine Krähe, wegen seines Schwanzes aber viel länger. Die größten Exemplare werden auf rund 50 Zentimeter Länge geschätzt und ihr Gewicht auf knapp ein Kilogramm. Seine Flügelspannweite – der Abstand zwischen den beiden Flügelspitzen – betrug etwa 60 Zentimeter.

Fehlendes Bindeglied

Archaeopteryx liefert die Merkmale, die Dinosaurier und Vögel verbinden. Ein Jahrhundert, nachdem Huxley das Londoner Exemplar untersucht hatte, entdeckte der amerikanische Paläontologe John Ostrom ein neues *Archaeopteryx*-Exemplar, das irrtümlich als *Pterosaurus* identifiziert worden war. Kurz zuvor hatte er außerdem *Deinonychus* beschrieben, einen Theropoden aus der Gruppe der Dromaeosauridae, der überall in den USA zu finden war. Ostrom bemerkte viele Ähnlichkeiten zwischen *Deinonychus* und *Archaeopteryx*. Dies stützte Huxleys These, dass Vögel Dinosaurier sind.

Erste Feder

Der erste jemals gefundene Teil dieses symbolträchtigen Wesens war eine einzige Feder! *Archaeopteryx* bedeutet „uralter Flügel". In den 1860er-Jahren kannte man Federn nur bei Vögeln, und so hielt man *Archaeopteryx* schnell für einen Vogel. Inzwischen wissen wir, dass diese Feder mindestens teilweise schwarz war und wahrscheinlich zum Flügel gehörte.

Ein seltener Vogel

In 160 Jahren wurden nur 13 Exemplare von *Archaeopteryx* gefunden: eine Feder und zwölf Skelette. Jeder Fund ist wichtig und man ist sich immer noch nicht einig, ob sie alle zu einer Art gehören oder zu verschiedenen. Zum Teil liegt das daran, dass nicht alle gleich groß sind. Es heißt sogar, das Haarlemer Exemplar könnte ein nichtvogelartiger Dinosaurier namens *Ostromia* sein; es ist allerdings auch am schlechtesten erhalten, also lässt sich das nicht mit Sicherheit festlegen.

Alte Lagunen

Die Kalksteinablagerungen in Süddeutschland, wo die *Archaeopteryx*-Fossilien gefunden wurden, verraten, dass diese Region vor 155 Millionen Jahren zu einer tropischen Inselgruppe gehörte. Zwischen den Inseln lagen Lagunen mit begrenzter Verbindung zum offenen Meer. Das Wasser dort war so salzig, dass Aasfresser nicht überleben konnten und die unteren Schichten fast anoxisch waren. Beste Bedingungen also für die Entstehung von Fossilien – sogar von Weichteilen wie *Archaeopteryx*-Federn und Quallen. Es wurden über 600 Arten in diesen Ablagerungen beschrieben, darunter 29 *Pterosaurus*-Arten.

GEFIEDERTE DINOSAURIER AUS CHINA

Eine der wichtigsten paläontologischen Entdeckungen des 20. Jahrhunderts wurde in Nordostchina gemacht. Sie wird Jehol-Gruppe genannt und besteht aus gefiederten Dinosauriern und anderen Lebewesen, die zur gleichen Zeit zwischen 135 und 120 Millionen Jahre vor unserer Zeit lebten. Diese einzigartigen Fossilien sind in Gestein eingebettet, das in Seen entstand. Vulkanausbrüche töteten oft Massen an Tieren gleichzeitig, sodass zahlreiche Fossilien zusammen in derselben Gesteinsschicht erhalten blieben. Diese Gesteinsschichten enthalten so viele Fossilien, dass ständig neue Arten entdeckt werden.

160 Jahre Fossilfunde

Die ersten Jehol-Fossilfunde, Fische aus dem Mesozoikum, wurden in den 1860er-Jahren von französischen Missionaren entdeckt, die nicht erkannten, wie alt die Fossilien waren. Die ersten fossilen Reptilien wurden in den 1930er- und 1940er-Jahren von japanischen Wissenschaftlern gefunden. Sie erkannten ausgestorbene Echsen- und Schildkrötenarten sowie Vertreter einer heute ausgestorbenen Gruppe von Reptilien, die teilweise im Wasser lebten. In den 1950er- und 1960er-Jahren untersuchten chinesische Wissenschaftler detailliert die Geologie und Fischfossilien. Doch es warteten noch aufregendere Endeckungen …

Unerwartete Entdeckung

1992 suchte der Doktorand Zhou Zhonghe mit seinem Professor, dem berühmten Fischexperten Dr. Chang Meemann, nach Fischfossilien. Zhou fand etwas Unerwartetes – einen kleinen Vogel! Es war erst der zweite Vogel aus dem Mesozoikum, der jemals in China entdeckt wurde, und der erste in den Jehol-Ablagerungen. Dr. Chang wusste, dass dies eine wichtige Entdeckung war, und ermunterte Zhou, sie zu untersuchen. Dr. Zhou, der die neue Art *Cathayornis* nannte, ist heute einer der weltweit führenden Experten für fossile Vögel.

Confuciusornis

Cathayornis

Fund auf dem Feld

Die Region in Nordostchina, in der die Jehol-Gruppe gefunden wurde, besteht hauptsächlich aus Ackerland. Wenige Jahre nach Dr. Zhous Entdeckung fand ein Bauer beim Pflügen seines Ackers etwas Merkwürdiges: das fast komplette Skelett eines kleinen Dinosauriers – aber um den Körper waren flaumig aussehende Strukturen erhalten, die ein Muster aus hellen und dunklen Streifen auf dem Schwanz bildeten. Es war ***Sinosauropteryx***, der erste jemals entdeckte nicht vogelartige Dinosaurier mit Federn.

Sinosauropteryx-Fossil

Gewaltige Grabungen

Der Fund gefiederter Dinosaurier in China weckte ein gewaltiges Interesse sowohl in der Wissenschaft als auch in der Öffentlichkeit. Große paläontologische Teams führten Ausgrabungen durch und entdeckten zahlreiche Exemplare. Noch mehr Jehol-Fossilien wurden jedoch von Bauern gesammelt. Heute gehört Jehol zu den bedeutendsten Fossillagerstätten der Welt und brachte über 40 nicht vogelartige Dinosaurierarten, 70 Vogelgattungen und 30 Pterosaurierarten hervor. Einige Arten sind mit Hunderten oder sogar Tausenden Exemplaren vertreten.

HUXLEY HATTE RECHT!

Die Entdeckung eines gefiederten Dinosauriers war ein unwiderlegbarer Beweis dafür, dass Vögel lebende Dinosaurier sind. Das ***Sinosauropteryx***-Fossil zeigte jedoch nur flaumige Strukturen. Waren das wirklich Federn? Schließlich sahen sie anders aus als die Federn von ***Archaeopteryx*** und heutigen Vögeln. Doch 1998 tauchten noch bessere Beweise auf: ein Dinosaurier namens ***Caudipteryx*** mit modern aussehenden Federn an den Armen, die einen Flügel bildeten! Der Flügel war zu klein zum Fliegen, doch der Fund zeigte, dass Federn – noch dazu an flügelförmigen Strukturen – etwas waren, das die Vögel von den Dinosauriern geerbt hatten.

WIE FEDERN ENTSTANDEN

Federn gehören zu den typischsten Merkmalen der Vögel und haben viele wichtige Funktionen: Sie schützen sie vor UV-Strahlung, halten sie warm, tarnen sie, ermöglichen ihnen das Fliegen und dienen der Kommunikation innerhalb der Art. Heutige Federn sind komplizierte Strukturen, doch die allerersten Federn sahen anders aus. Es waren einfache Gebilde ohne Verästelungen. Fossilien aus China und von anderen Orten verraten uns, wie Federn sich entwickelten.

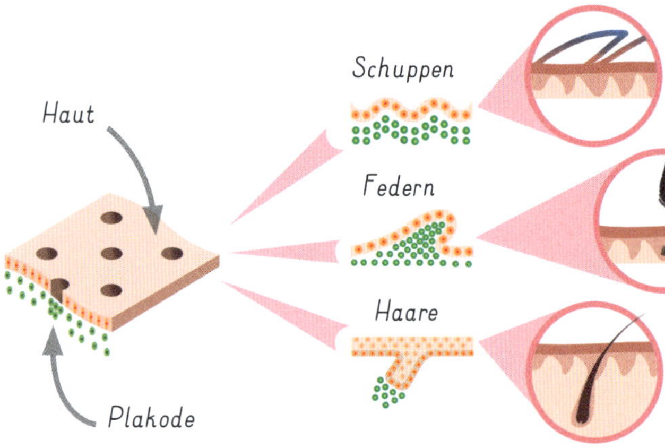

Die Plakode

Federn gehören zum sogenannten Integument, der robusten äußeren Schutzhülle, die Haut, Schuppen, Federn und Haare umfasst. Schuppen, Federn und Haare entwickelten sich alle aus einer einfachen Struktur, der Plakode, einer kleinen verdickten Hautstelle. Aus der Plakode entstand jede Struktur auf eigene Weise.

Dinoflaum

Die einfachsten Federn bei Dinosauriern sind einzelne Filamente, ähnlich Haarsträhnen. Sie gleichen den heutigen Federn nicht besonders, daher nennen wir solche Strukturen „Protofedern" oder „Dinoflaum". Sie finden sich bei vielen Dinosauriern, etwa bei ***Psittacosaurus*** und ***Yutyrannus***.

PSITTACOSAURUS

Lebte vor 126–101 Millionen Jahren (frühe Kreide)
Länge: 1–2 Meter

Psittacosaurus ist ein kleiner Verwandter von ***Triceratops***, der überall in Asien lebte. Sein Name bedeutet „Papageiechse" (Papageien gehören zur Ordnung Psittaciformes), weil er einen gebogenen Schnabel hatte wie ein Papagei – aber auch Zähne! Bei einem Exemplar war noch Weichgewebe erhalten und zeigte, dass ***Psittacosaurus*** von Schuppen bedeckt war und am Schwanz lange, abstehende, borstenartige Protofedern trug.

Warum entstanden Federn?

Federn haben sich nicht entwickelt, damit Vögel besser fliegen können. Die Wissenschaft ist sich nicht sicher, warum sie überhaupt entstanden, aber vielleicht halfen sie kleinen Dinosauriern dabei, ihre Körpertemperatur zu regeln, so wie das Fell bei den Säugetieren. Einige Forschende glauben, dass komplexe Federn entstanden, um Partner anzulocken oder damit Tiere sich untereinander verständigen konnten – wie der auffällige Schwanz des Pfaus.

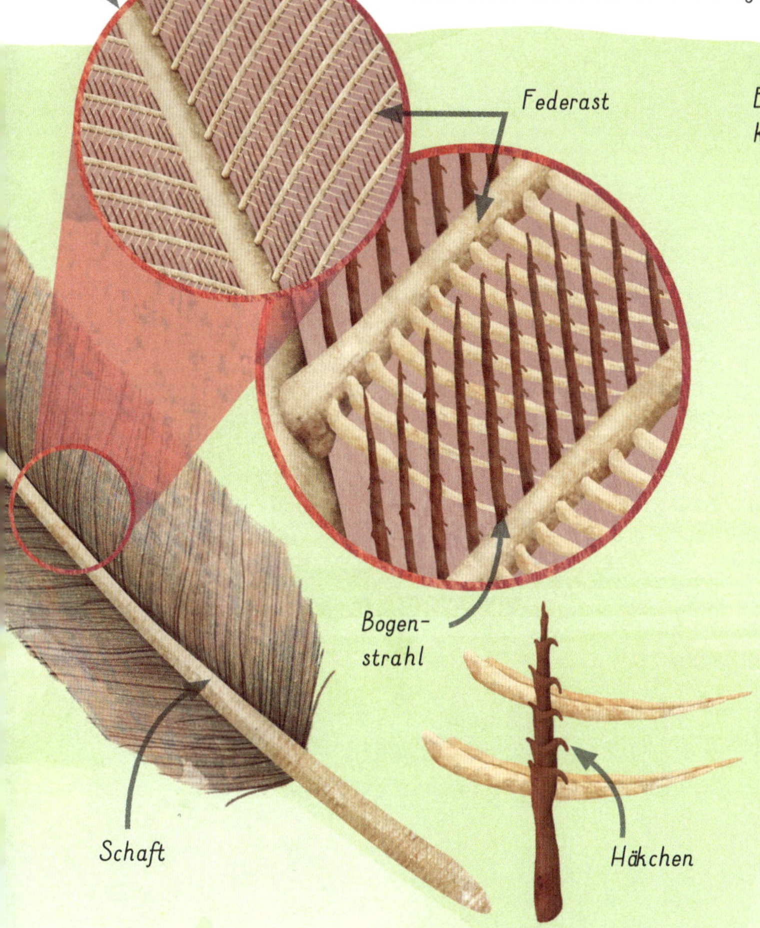

TEILE EINER FEDER

Der Mittelteil einer Feder heißt Schaft. Von ihm zweigen die Federäste ab. An jedem Federast sitzen Bogenstrahlen und Hakenstrahlen mit Häkchen, die sich mit den benachbarten Bogenstrahlen verzahnen. Solche Federn heißen Konturfedern. Man geht davon aus, dass die primitive, haarähnliche Protofeder im Grunde ein einzelner Federast ist. Die nächste Evolutionsstufe war eine Struktur mit mehreren Federästen, die an der Basis verbunden waren. Aus dieser verbundenen Basis entstand der erste Schaft.

YUTYRANNUS

Lebte vor 125 Millionen Jahren (frühe Kreide)
Länge: 7,5–9 Meter

Yutyrannus ist ein früher Verwandter von ***T. rex*** aus der Jehol-Gruppe. Er war kleiner als sein berühmter Verwandter und am ganzen Körper mit Dinoflaum bedeckt. Heißt das, ***T. rex*** war auch flaumig? Einige Paläontologen und Paläontologinnen glauben, ***T. rex*** war als Jungtier mit Dinoflaum bedeckt, verlor aber die meisten Federn, als er größer wurde. Sehr großen Tieren fällt es nämlich schwer, Körperwärme abzugeben. Sie brauchen daher keinen Dinoflaum und kein Fell, um sich warm zu halten.

DINOSAURIER IN FARBE

Hätte man den Forschenden vor nicht allzu langer Zeit erzählt, dass sie die Farbe ausgestorbener Dinosaurier bestimmen können, hätten sie das wohl nicht geglaubt. Aber einige Strukturen, die für die Farbe verantwortlich sind, können auch versteinern. Wenn man sie untersucht, findet man heraus, welche Farben einige Dinosaurier hatten.

Melanosome

Melanosome sind Strukturen in Zellen, die Pigmente enthalten, sogenannte Melanine. In Vogelfedern erzeugen unter anderem Melanine die Farben, die wir sehen. Vogelfedern bestehen hauptsächlich aus Keratin (dasselbe Material wie bei Fingernägeln) mit eingebetteten Schichten aus Melanosomen. Wenn eine Paläontologin eine fossile Feder untersucht, sieht sie eigentlich nur die robusten Melanosome. Das Keratin ist längst verrottet.

Form und Farbe

Bei heutigen Vögeln kommen Melanosome in verschiedenen Formen vor und jede Form entspricht einer bestimmten Farbe. Ovale Melanosome finden sich in grauen Federn, würstchenförmige in schwarzen. Rötlich braune Federn haben kugelige Melanosome. Dieselbe Vielfalt an Formen sehen wir auch bei fossilen Melanosomen. So finden wir heraus, welche Farbe ausgestorbene Tiere hatten.

BEISPIELE FÜR MELANOSOME:

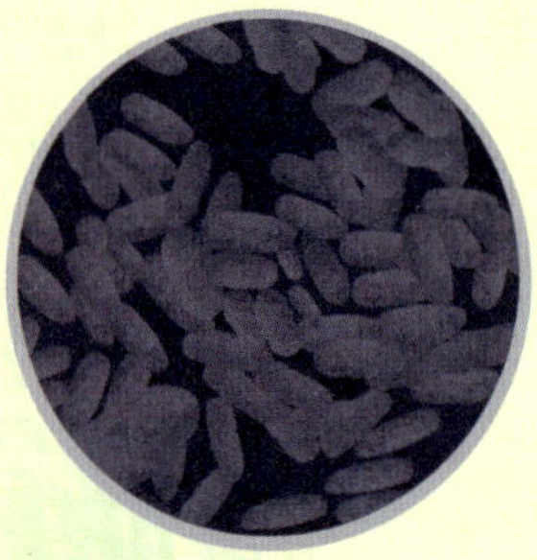

Grau

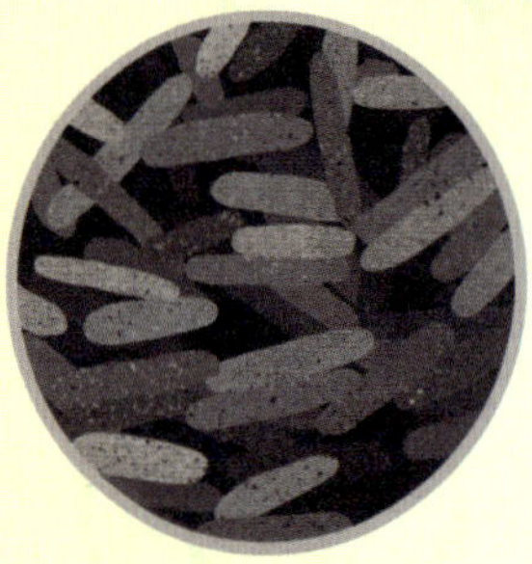

Schwarz

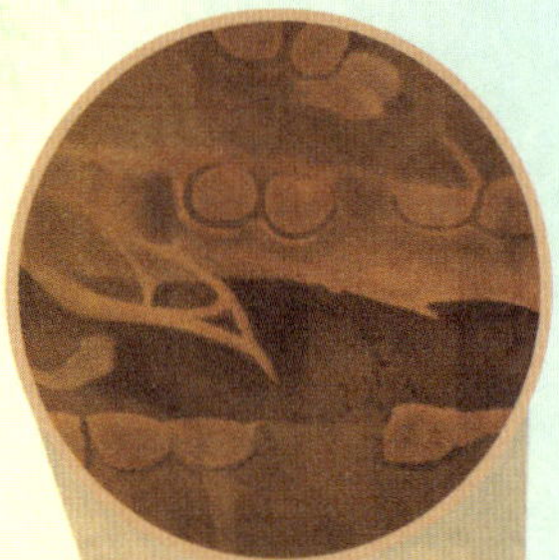

Braun

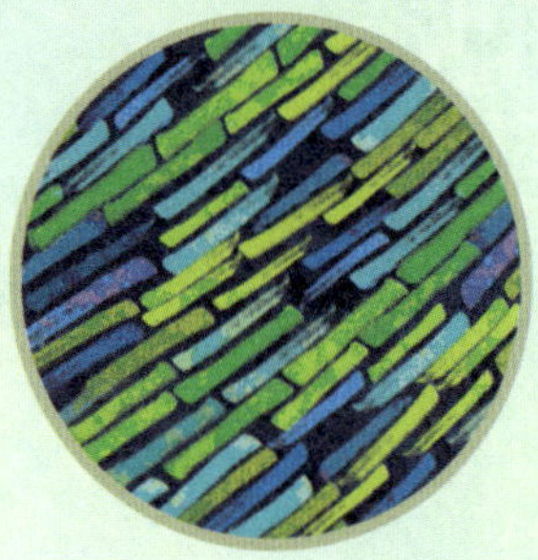

Irisierend

SINOSAUROPTERYX

Lebte vor 125 Millionen Jahren (frühe Kreide)
Länge: 1 Meter

Das Fossil von *Sinosauropteryx*, einem kleinen, mit *Compsognathus* verwandten Theropoden, hatte einen Schwanz, auf dem sich Bereiche mit und ohne Federn abwechselten. In der Wissenschaft geht man davon aus, dass *Sinosauropteryx'* Schwanz gestreift war, da nur die Melanosome von Federn erhalten bleiben. Die Bereiche ohne Federn müssen weiße Streifen gewesen sein, denn weiße Federn haben keine Melanosome.

STRUKTURFARBEN

Einige Gefiederfarben, zum Beispiel die prächtigen Blau-, Grün- und Lilatöne beim Pfau, werden durch den Aufbau der Feder hervorgerufen. Mikroskopisch kleine Lufttaschen im Inneren der Feder verändern die Art, wie sie das Licht reflektieren; teilweise sehen wir daher eine andere Farbe, als die Form der Melanosome vermuten ließe. Manchmal irisieren diese Federn, schillern also in allen Regenbogenfarben. Strukturfarben versteinern sehr selten, aber es gibt eine 50 Millionen Jahre alte Feder, die immer noch lila schillert!

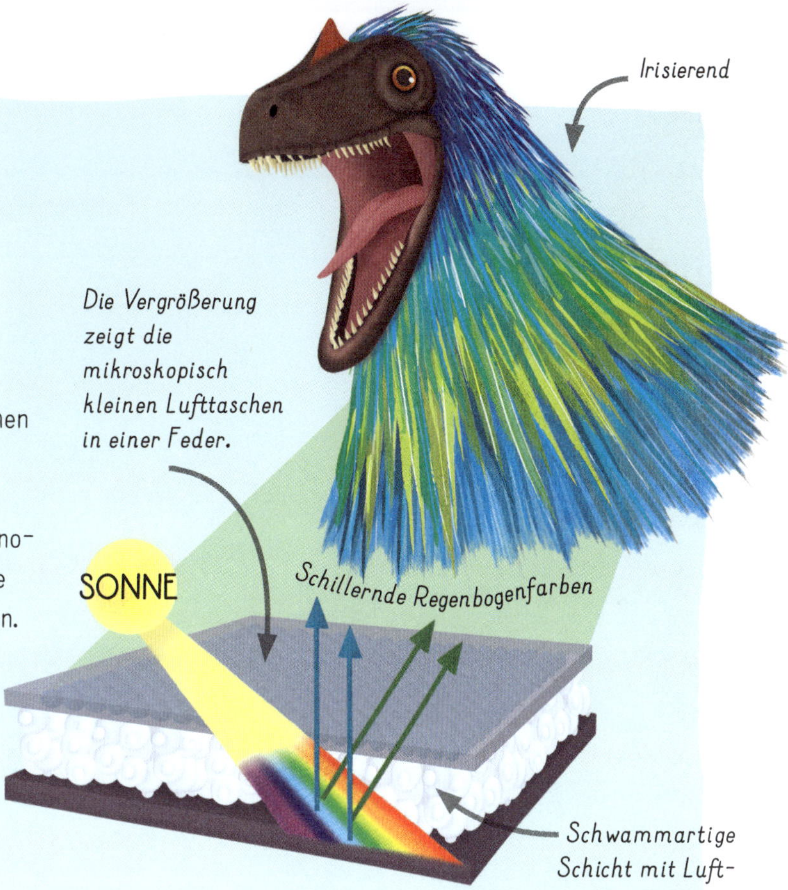

CAIHONG

Lebte vor 161 Millionen Jahren (später Jura)
Länge: 40 Zentimeter

Bei einigen Exemplaren dieses Troodontiden finden sich Freiräume zwischen den Melanosomen – das zeigt, dass er wahrscheinlich eine irisierende strukturelle Farbe hatte. Deshalb wurde diese Art *Caihong* getauft, das Mandarin-Wort für „Regenbogen". *Caihong* hatte Knochenleisten im Gesicht, die vom sogenannten Tränenbein gebildet wurden. Mit den sehr langen Federn sah der Schwanz wahrscheinlich aus wie ein Farnwedel.

Fehlende Information

Melanosome liefern nur einen Teil des Bildes. Vogelfedern enthalten auch noch andere Pigmente, nämlich Karotinoide und Porphyrine. Karotinoide sind vor allem für gelbe und orange Farbtöne zuständig, Porphyrine können Rot-, Rosa-, Braun- und sogar Grüntöne erzeugen. Diese Pigmente wurden in Fossilien noch nicht entdeckt. Außerdem werden immer nur kleine Teile eines Dinosaurierfossils auf fossile Melanosome überprüft. Wir kennen also nicht die Farbe eines ganzen Dinosauriers, sondern nur bestimmter Körperteile. Und Tiere sind ja nicht immer überall gleich gefärbt – denk zum Beispiel nur mal an einen Tiger oder einen Pfau!

ERSTE FLÜGEL

Einige Theropoden, die nicht fliegen konnten, hatten lange Konturfedern an den Armen – einige Arten auch an den Beinen! Diese Federn bilden eine Struktur, die einem Flügel sehr ähnlich sieht, und dennoch dienten die ersten Dinosaurierflügel nicht zum Fliegen. Wir nennen sie daher Protoflügel. Durch neue Experimente verstehen wir allmählich besser, wie daraus echte Flügel wurden.

Wer hat Flügel?

Bisher wurden bei den nicht vogelartigen Dinosauriern Konturfedern nur bei den Pennaraptora gefunden. Zu dieser Gruppe gehören die Oviraptorosaurier, die Dromaeosauridae und die Troodontidae. Es sind auch die einzigen Dinosaurier, bei denen Protoflügel erhalten blieben. In allen Gruppen von Pennaraptora gibt es Protoflügel.

Flügel vor dem Fliegen

Bei den meisten Pennaraptora aus dem Mesozoikum finden sich Konturfedern nur an Armen, Beinen und Schwanz. Sie überlappen sich und bilden so eine große Fläche, die den Flügeln heutiger Vögel ähnelt. Bei den meisten dieser Dinosaurier waren die Arme im Vergleich zu den Beinen sehr kurz, was uns verrät, dass sie nicht fliegen konnten. Protoflügel müssen sich also zunächst zu einem anderen Zweck entwickelt und sich erst später ans Fliegen angepasst haben.

Das Rätsel der Protoflügel

Wenn also nicht zum Fliegen, wozu waren die Protoflügel dann da? Vielleicht sollten sie Partner anlocken, aber einige Paläontologen glauben, sie hatten noch eine weitere Funktion. Protoflügel waren nicht groß genug, damit ein Dinosaurer abheben konnte. Sie erzeugten aber trotzdem etwas Auftrieb – genug, um ihn schneller laufen zu lassen. Um diese Hypothese zu testen, baute ein chinesisches Ingenieurteam ***Caudipteryx***-Roboterflügel und befestigte sie an Straußenküken. Dann bestimmten sie mit Sensoren, welche Kräfte die Luft beim Herumrennen auf die Flügel ausübte. Die Sensoren zeigten, dass ***Caudipteryx*** zwar nicht fliegen konnte, dass ihn seine Protoflügel aber beim Laufen unterstützten.

EVOLUTION FÜR EINE WELT IN 3-D

Fliegen ist nicht einfach! Die ersten Vögel brauchten nicht nur längere Arme und Konturfedern, sondern auch größere Muskeln, um die Flügel zu bewegen. Außerdem mussten die Sinnesorgane sich an die Bewegung im dreidimensionalen Raum anpassen (Menschen bewegen sich am Boden eher in einer 2-D-Umgebung). Sie brauchten ein größeres Gehirn, mussten hervorragend sehen und ihr Innenohr musste Bewegung und Beschleunigung wahrnehmen. Die meisten dieser Anpassungen tauchen bei den Dinosauriern auf, die am engsten mit den Vögeln verwandt sind. Einige haben längere Arme, andere größere Gehirne und ihr Innenohr erinnert an einige der heutigen Vögel.

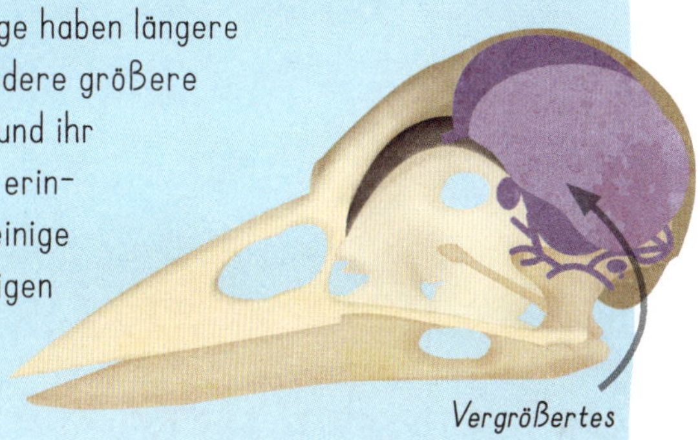

Erste Flugversuche

Lange stritt sich die Wissenschaft darüber, wie sich der Vogelflug entwickelte. Eine Gruppe dachte, das Fliegen entstand vom Boden aus, als Tiere wie ***Caudipteryx***, deren Flügel ihnen das Laufen erleichterten, immer größere Flügel entwickelten, bis die Fläche groß genug war, um das Tier vom Boden zu heben. Die andere Gruppe meinte, dass der erste flugfähige Dinosaurier auf Bäumen lebte und seine Protoflügel beim Springen von Ast zu Ast einsetzte – erst zum Gleiten und schließlich zum Fliegen. Experimente mit Chukarhuhnküken stützen die Vom-Boden-Heben-Hypothese.

TAUSENDE FOSSILIEN

Den Großteil unseres Wissens über die Vögel der Kreidezeit verdanken wir der Jehol-Gruppe. Die Gesteinsfolge entstand vor 135 bis 120 Millionen Jahren in Nordostchina. Ihre Fossilien sind aus zwei Gründen etwas ganz Besonderes. Erstens sind sie sehr gut erhalten – es gibt zahlreiche fast vollständige Skelette und bei vielen blieben auch seltene Spuren wie Mageninhalt und Weichgewebe erhalten. Zweitens sind es unglaublich viele! Von einigen Arten gibt es Hunderte oder sogar Tausende Exemplare. So können die Tiere in allen Einzelheiten untersucht werden.

Spektakuläre Vielfalt

Die Jehol-Gruppe umfasst verschiedenste Lebewesen, wie nicht vogelartige Dinosaurier, Vorfahren früher Säugetiere und Blütenpflanzen. Die Vögel der Jehol-Gruppe stammen aus einem Gestein, das im Laufe von zehn Millionen Jahren entstand; es gibt aber noch weitere Arten in jüngerem Gestein. Im Jehol entdeckte man erstmals viele Merkmale heutiger Vögel, wie kurze Schwänze mit Knochen und zahnlose Schnäbel.

JEHOLORNIS

Lebte vor 125–120 Millionen Jahren (frühe Kreide)
Länge: 50–75 Zentimeter; Flügelspannweite: 90–130 Zentimeter (geschätzt)

Jeholornis war ein relativ großer Vogel mit einem langen, knochigen Schwanz, der ihm beim Fliegen half. Heutige Vögel verbreiten die Samen von Blütenpflanzen (Bedecktsamern), die Früchte produzieren. Früchte entstanden erst im späten Jura oder in der frühen Kreidezeit, aber bei vielen *Jeholornis*-Exemplaren finden sich Pflanzenspuren im Magen. Die Wissenschaft hält sie für die Samen früher früchtetragender Bedecktsamer. Vögel wie *Jeholornis* haben vielleicht geholfen, die Samen der Bedecktsamer zu verbreiten.

SAPEORNIS

Lebte vor 125–120 Millionen Jahren (frühe Kreide)
Länge: 30–40 Zentimeter
Flügelspannweite: 75–100 Zentimeter (geschätzt)

Sapeornis hatte längere Flügel als *Jeholornis* und einen kurzen, knochigen Schwanz. Dieser Vogel hatte ein kurzes Gesicht mit großen Zähnen im Oberkiefer und winzig kleine im Unterkiefer. Um die Knöchel trug er Federbüschel und er hatte lange, fächerförmige Schwanzfedern. Wie heutige Vögel, die Samen fressen, hatte *Sapeornis* einen Kropf tief in der Speiseröhre, sodass die Brust das Gewicht der Samen trug. Dieser Vogel verschluckte Steine, die seine Nahrung zerkleinerten.

CONFUCIUSORNIS

Lebte vor 125–120 Millionen Jahren (frühe Kreide)
Länge: 30–45 Zentimeter
Flügelspannweite: 50–65 Zentimeter (geschätzt)

Dieser Vogel hatte einen großen, kräftigen Schädel ohne Zähne – der erste bekannte Vogelschnabel. An den Flügeln trug er große Krallen. Einige Exemplare hatten lange Schwanzfedern, die aussahen wie Badmintonschläger, andere aber einen Schwanz aus kurzen, zarten Federn. Man glaubt, dass die Langschwänze Männchen waren. Das ist der früheste Beleg für unterschiedliches Gefieder bei Männchen und Weibchen derselben Art. Das wird „Geschlechtsdimorphismus" genannt und kommt bei heutigen Vögeln häufig vor.

LONGIPTERYX

Lebte vor 120 Millionen Jahren (frühe Kreide)
Länge: 23 Zentimeter
Flügelspannweite: 45–50 Zentimeter (geschätzt)

Longipteryx gehörte zu den Enantiornithes – diese Gruppe lernst du auf der nächsten Doppelseite kennen. Mehr als die Hälfte aller Arten und Exemplare im Jehol gehören zu dieser Gruppe. *Longipteryx* hatte lange Flügel und einen ungewöhnlichen Schädel. Sein Schnabel war viel länger als bei allen anderen Enantiornithes und ganz vorn an den Spitzen saßen große, hakenförmige Zähne. Ihr Zahnschmelz war mehr als fünfmal so dick wie bei anderen Vögeln aus der Kreidezeit, aber bis heute weiß man nicht, warum.

HERRSCHER AM KREIDEHIMMEL

Enantiornithes ist die größte Vogelgruppe der Kreidezeit – die Hälfte aller mesozoischen Vögel gehören dazu! Diese Vögel erlebten in der Kreide eine 65 Millionen Jahre dauernde Blütezeit, ihre Fossilien wurden überall auf der Welt gefunden, außer in der Antarktis. Sie sind jedoch zusammen mit den nicht vogelartigen Dinosauriern ausgestorben, als vor 66 Millionen Jahren ein Meteorit auf die Erde stürzte. Wenn diese Gruppe so erfolgreich war, warum ist sie dann ausgestorben? Das ist eines der großen Rätsel der Vogel-Paläontologie.

Umstrittene Entdeckung

Knapp 20 Jahre, bevor der erste Jehol-Vogel gefunden wurde, entdeckte der Paläontologe José Bonaparte in Nordargentinien die riesigen Knochen eines neuen Sauropoden namens ***Saltasaurus***. Beim Reinigen der Knochen fand er zwischen ihnen viele merkwürdige kleine Knochen. Er gab sie dem britischen Paläontologen Cyril Walker, der die Hypothese aufstellte, dass sie zu einer unbekannten Gruppe von Vögeln gehörten.

Gegensätzliche Vögel

Dr. Walker nannte die Gruppe „Enantiornithes", („gegensätzliche Vögel"), weil die Knochen genau andersherum verbunden zu sein schienen, wie wir es von heutigen Vögeln kennen. Aber die Knochen waren durcheinander und gehörten zu verschiedenen Arten; einige Wissenschaftler glaubten deshalb, Dr. Walker hätte unrecht und die Knochen gehörten zu vielen verschiedenen Arten von Tieren. Spätere Funde zeigten aber, dass Dr. Walker recht gehabt hatte: Es war eine ganz neue Gruppe von Vögeln.

LEBEN IM BAUM

Zwar gibt es Enantiornithes in vielen Formen und Größen, doch die Form ihrer Füße zeigt, dass fast alle auf Bäumen lebten: Der erste Zeh zeigt nach hinten und ist sehr lang. So kann der Vogel zusammen mit den nach vorn zeigenden Zehen Zweige umklammern, so ähnlich wie der Mensch mit seinem Daumen. Die Krallen an den Zehen sind alle groß und gekrümmt zum besseren Festhalten. Vögel, die mehr Zeit am Boden verbringen, haben einen kurzen ersten Zeh und kurze Krallen.

Superduper-Nestflüchter

Einige Vögel, wie Spatzen und Tauben, kommen hilflos zur Welt. Sie sind ganz von ihren Eltern abhängig und bleiben im Nest, bis sie ausgewachsen sind. Andere Vögel wie Enten und Hühner können nach dem Schlüpfen gleich umherlaufen und selbst Nahrung suchen. Diese Vögel heißen Nestflüchter. Eine Gruppe heutiger Vögel, die Großfußhühner, kann gleich nach dem Schlüpfen sogar fliegen und wird daher auch als Supernestflüchter bezeichnet. Enantiornithes waren sogar noch schneller – richtige Superduper-Nestflüchter! Sie konnten nach dem Schlüpfen ebenfalls fliegen. Fossilien von Küken zeigen, dass sie bereits mit voll ausgebildeten Schwungfedern zur Welt kamen.

Die selbstständigen Küken schwangen sich gleich nach dem Schlüpfen in die Lüfte.

ENANTIORNIS

Lebte vor 70 Millionen Jahren (späte Kreide)
Länge: 38 Zentimeter (geschätzt)
Flügelspannweite: 127–140 Zentimeter (geschätzt)

Als Dr. Walker den Enantiornithes ihren Namen gab, benannte er auch eine Gattung nach ihnen: ***Enantiornis***. Das macht ***Enantiornis*** zum ersten offiziell beschriebenen Vertreter der Enantiornithes. Über sein Aussehen ist leider nicht viel bekannt. Nur einige Flügelknochen sind erhalten geblieben. Sie zeigen, dass es sich bei diesem Tier um einen großen Vogel mit einer beeindruckenden Flügelspannweite handelte.

YUNGAVOLUCRIS

Lebte vor 70 Millionen Jahren (späte Kreide)
Länge: 25–38 Zentimeter (geschätzt)
Flügelspannweite: 100–140 Zentimeter

Yungavolucris stammt aus denselben Ablagerungen wie ***Enantiornis*** und ist nur durch einen sehr merkwürdigen Fußknochen bekannt. Dieses Tier war kurz und stämmig und hatte offenbar einen sehr großen zweiten Zeh. Man ist sich nicht sicher, was der Vogel mit seinem seltsamen Fuß anstellte – bei so unvollständigen Fossilien ist es sehr schwer, etwas über die ausgestorbenen Tiere herauszufinden.

FLIEGENDE DINOSAURIER

Vögel sind nicht die einzigen Dinosaurier, die fliegen konnten. Erst seit Kurzem wissen wir, dass Dinosaurier wohl mindestens viermal das Fliegen lernten! Mehrere Gruppen hatten vogelähnliche Merkmale, aber das heißt nicht unbedingt, dass sie eng mit den Vögeln verwandt waren, sondern nur, dass sie fliegen konnten.

Arten des Fliegens

Es gibt zwei Möglichkeiten, wie Tiere fliegen können: im Schlagflug und im Gleitflug. Beim Schlagflug schlagen die Flügel auf und ab und sorgen so für den Antrieb. Diese Flugart ist sehr vielseitig – wer sie beherrscht, kann vom Boden starten, nach oben und unten und bei fast jedem Wetter fliegen; Schlagflug verbraucht eine Menge Energie. Für den Gleitflug benötigt das Tier weniger Energie, muss aber von einem hohen Punkt aus starten, etwa von einem Baum oder einer Klippe. Beim Gleiten verliert es an Höhe, je weiter es fliegen will. Dinosaurier entwickelten beide Arten des Fliegens.

YI

Lebte vor 163 Millionen Jahren (Jura)
Länge: 30–35 Zentimeter (geschätzt)
Flügelspannweite: 46 Zentimeter

Yi gehört zur ältesten Gruppe fliegender Dinosaurier, den Scansoriopterygidae. Diese Gruppe hatte drei Finger an jeder Hand, von denen einer deutlich länger war als die anderen. Zuerst dachte man, dieser lange Finger half beim Beutefang. Später zeigte die Entdeckung von *Yi*, dass der lange Finger wahrscheinlich einen Hautflügel spannte, wie bei den Pterosauriern oder Fledermäusen. Scansoriopterygidae waren vermutlich Gleiter, aber es gibt viel, was wir über diese kleinen Dinosaurier noch nicht wissen – insgesamt wurden bisher nur fünf Exemplare gefunden.

MICRORAPTOR

Lebte vor 120 Millionen Jahren (frühe Kreide)
Länge: bis zu 76 Zentimeter; Flügelspannweite: 1 Meter

Das erste *Microraptor*-Exemplar aus der Jehol-Gruppe war zwar unvollständig, aber es war der kleinste damals bekannte Dinosaurier. Das zweite Exemplar war fast vollständig und hatte Federn am ganzen Körper. Diese Federn enthüllten etwas Erstaunliches: *Microraptor* hatte richtige Flügel an seinen langen Armen – und auch an den Beinen! Diese Flügel waren groß genug zum Fliegen. Darüber hinaus waren die Federn auch noch asymmetrisch. Bei heutigen Vögeln findet man dieses Merkmal nur bei Handschwingen, die zum Fliegen dienen. Sie weisen also stark darauf hin, dass *Microraptor* ein fliegender Dinosaurier aus der Gruppe der Dromaeosauridae mit vier Flügeln war.

RAHONAVIS

Lebte vor 70 Millionen Jahren (späte Kreide)
Länge: 70 Zentimeter
Flügelspannweite: 127–140 Zentimeter

Rahonavis ist ein Dinosaurier aus dem Madagaskar der späten Kreidezeit. Als er entdeckt wurde, hielt man ihn für einen Vogel („avis" in seinem Namen bedeutet „Vogel" auf Deutsch). Heute halten ihn die meisten Wissenschaftler für ein Mitglied der Dinosauriergruppe Dromaeosauridae. Er sieht einem Vogel deshalb so ähnlich, weil er sich so entwickelte, dass er fliegen konnte. Wir wissen jedoch nicht, was für Flügel *Rahonavis* hatte, weil Weichgewebe im Gestein dieser Gegend nicht erhalten blieb.

WIE ENTWICKELTE SICH DAS FLIEGEN BEI DINOSAURIERN?

Die Vorstellung, dass es mehr als eine Gruppe fliegender Dinosaurier gab, ist ganz neu. Die Wissenschaft versucht immer noch herauszufinden, wie diese flugfähigen Dinosaurier untereinander verwandt sind. Manche denken, dass sich die Flugfähigkeit nur einmal entwickelte und alle fliegenden Dinosaurier von diesem flugfähigen Vorfahren abstammen. Wir wissen aber heute, dass einige Dinosaurier mit zwei gefiederten Flügeln flogen, andere mit vier und wieder andere mit Hautflügeln. Immer mehr Forschende glauben heute, dass sich das Fliegen in jeder Linie fliegender Dinosaurier unabhängig entwickelte. Das erklärt, warum ihre Flügel so unterschiedlich gebaut sind.

LEBEWESEN AUS LAS HOYAS

In der frühen Kreidezeit war das Land, das heute zu Zentralspanien gehört, ein riesiges Sumpfgebiet. Die Fossillagerstätten von Las Hoyas in der Nähe der Stadt Cuenca lieferten uns viele großartige Fossilien. Sie erzählen uns von den Tieren, die in diesem Sumpfland lebten, darunter auch viele fossile Vögel. Der erste, Iberomesornis, wurde 1980 von dem spanischen Paläontologen José Sanz entdeckt. Später erkannte die Wissenschaft, dass er zu Cyril Walkers neuer Gruppe gehörte, den Enantiornithes. Tatsächlich sind alle Vögel, die in Las Hoyas gefunden wurden, Mitglieder dieser Gruppe.

CONCORNIS

Lebte vor rund 125 Millionen Jahren (frühe Kreide)
Länge: 15 Zentimeter (geschätzt)
Flügelspannweite: 25–38 Zentimeter

Concornis ist sehr ungewöhnlich, denn dieser Vogel hatte zwei Knochen, die andere Vögel nicht haben! Sie befinden sich an der Verbindungsstelle zwischen Rabenbein (einem Schulterknochen) und Brustbein. Möglicherweise waren sie über Weichgewebe mit dem Brustbein verbunden. Wir wissen nicht genau, wozu diese geheimnisvollen Knochen dienten, aber bei mehreren heutigen Vögeln, zum Beispiel bei Hühnern, sind einige Rippen mit dem Brustbein zu einer ähnlichen Struktur verwachsen.

EOALULAVIS

Lebte vor rund 125 Millionen Jahren (frühe Kreide)
Länge: 10–13 Zentimeter (geschätzt)
Flügelspannweite: 25 Zentimeter

Von ***Eoalulavis*** blieben Flügelfedern erhalten, die ein wichtiges Merkmal offenbarten: die Alula. So nennt man eine Gruppe von Federn am ersten Finger, die Vögeln beim Landen oder langsamen Fliegen helfen. Der Name ***Eoalulavis*** bedeutet „alte Alula". Diese Anpassung bedeutet, dass Enantiornithes geschickte Flieger waren. ***Eoalulavis*** ist außerdem das einzige Mitglied der Enantiornithes, von dem Mageninhalt erhalten blieb. Er zeigt, dass die Art sich von kleinen Schalentieren ernährte.

KÜKEN ZUM MITTAGESSEN?

Ein Fossilfund aus Las Hoyas besteht aus den Knochen von vier Küken. Sie gehören zu drei verschiedenen Arten und ihre Knochen zeigen Anzeichen dafür, dass sie teilweise verdaut worden waren. Dieser Knochenhaufen war wahrscheinlich ein Gewölle, wie wir es von Eulen kennen. Eulen verschlingen ihre Beute im Ganzen und ihr Magen ballt unverdauliche Körperteile zu einer Kugel zusammen, die die Eulen wieder hervorwürgen. Von welchem Tier dieses fossile Gewölle stammt, ist jedoch unbekannt. Von mindestens einem Troodontiden ***(Anchiornis)*** wissen wir, dass er Gewölle produzierte, aber in Las Hoyas wurden bislang noch keine Troodontiden gefunden.

SPINOLESTES

Lebte vor rund 125 Millionen Jahren (frühe Kreide)
Länge: 24 Zentimeter

Nicht nur Vögel wurden in Las Hoyas gefunden. Ein Exemplar eines Säugetiers namens ***Spinolestes*** ist so gut erhalten geblieben, dass man das Weichgewebe des Ohrs und das Fell erkennt! Auch Spuren der Lunge und der Leber sind erhalten geblieben. Dieses kleine Tier hatte eine Art Mähne am Hals und Protostacheln am Rücken, so ähnlich wie ein Igel.

CONCAVENATOR

Lebte vor rund 125 Millionen Jahren (frühe Kreide)
Länge: 5,8–6 Meter

Das vielleicht seltsamste Exemplar aller Tiere, die in Las Hoyas entdeckt wurden, ist der Theropode *Concavenator*. Die Wirbel an seinem Rücken haben lange Fortsätze und müssen eine spitze Struktur gebildet haben, die an eine Haiflosse erinnert! Einige glauben, sie könnte zur Abkühlung gedient haben, andere meinen, *Concavenator* habe damit seinen Artgenossen Botschaften übermittelt. An einem seiner Unterarmknochen saßen außerdem kleine Höcker, an denen sich Protofedern befunden haben könnten.

VÖGEL AUS CHANGMA

Es gibt noch eine Fundstätte in China, an der viele fossile Vögel entdeckt wurden – die Xiagou-Formation in Nordwestchina nahe dem Dorf Changma, nicht weit vom westlichen Ende der Chinesischen Mauer. Sie ist ungefähr so alt wie der jüngste Teil der Jehol-Gruppe (120 Millionen Jahre). Zwar wurden nur etwa 100 Fossilien gefunden (nicht Tausende wie in der Jehol-Gruppe), dafür sind sie nicht zerdrückt. Dadurch blieben einige Merkmale erhalten, die sich bei den Jehol-Funden nicht untersuchen lassen.

Bisher wurden zehn Vogelarten gefunden.

Wenn es nicht gleich klappt …

Der erste in China entdeckte Vogel aus dem Mesozoikum war *Gansus*, der 1984 seinen Namen bekam, doch es war nur sein linker Fuß übrig. 20 Jahre später fuhr ein chinesisch-amerikanisches Forschungsteam erneut in die Gegend und fand viele neue Vogelfossilien. Fast alle waren weitere *Gansus*-Exemplare, einige von ihnen vollständiger als andere.

Es wurde jedoch nie ein richtig vollständiges Exemplar in Changma gefunden. Und das verrät uns, dass es länger dauerte, bis aus diesen Vögeln Fossilien wurden.

Gansus-*Fossilien*

GANSUS

Lebte vor rund 120 Millionen Jahren (frühe Kreide)
Länge: 20–25 Zentimeter (geschätzt)
Flügelspannweite: 38–50 Zentimeter

Gansus konnte gut fliegen, war aber an die Nahrungssuche im Wasser angepasst und konnte mit den Füßen paddeln. Das Weichgewebe eines Exemplars deutet darauf hin, dass sich zwischen den Zehen Schwimmhäute spannten. Etwa 90 Prozent aller Funde aus Changma gehören zu *Gansus*, aber man weiß nicht genau, warum das so ist. Es könnte bedeuten, dass zahlreiche Tiere hier zusammenkamen, um Eier zu legen, ähnlich wie bei den gewaltigen Brutkolonien heutiger Seevögel.

AVIMAIA

Lebte vor rund 120 Millionen Jahren (frühe Kreide)
Länge: 10–12 Zentimeter (geschätzt)
Flügelspannweite: 25–38 Zentimeter

Avimaia bedeutet „Vogelmutter“. Den Namen erhielt das Tier, weil das erste gefundene Exemplar ein Ei im Körper hatte. Das Ei ist jedoch sehr seltsam – es hat zwei Schalenschichten. Beide sind ungewöhnlich dünn. Vielleicht blieb es deswegen im Körper stecken und wurde noch einmal mit einer Eierschale versehen. Wenn ein Vogelei im Körper stecken bleibt, nennt man das Legenot. Bei Wildvögeln endet Legenot tödlich – dieses *Avimaia*-Exemplar starb also vermutlich an dem im Körper stecken gebliebenen Ei.

FEITIANIUS

Lebte vor rund 120 Millionen Jahren (frühe Kreide)
Länge: 10–12 Zentimeter (geschätzt)
Flügelspannweite: 25–38 Zentimeter

Das Ei im Körperinneren von *Avimaia* zeigte, dass es ein Weibchen war. Der erste Fossilfund von ***Feitianius*** gab einen anderen Hinweis: Er hatte einen extravaganten Schwanz aus Federn unterschiedlicher Formen und Größen. Einige heutige Vogelarten haben auch solch spektakuläre Schwanzfedern und bei all diesen Arten tragen nur die Männchen ein so auffälliges Gefieder. Deshalb geht man davon aus, dass das ***Feitianius***-Fossil wohl ein Männchen ist.

QILIANIA

Lebte vor rund 120 Millionen Jahren (frühe Kreide)
Länge: 10–12 Zentimeter (geschätzt)
Flügelspannweite: 25–28 Zentimeter

Dieser Vertreter der Enantiornithes ist nach dem Gebirge Qilian Shang benannt, das über der Xiagou-Formation aufragt. (Der Artname dieses fossilen Vogels, ***Qiliania graffini***, wurde ihm zu Ehren des Rockstars Greg Graffin gegeben, der auch Paläontologe ist!) Zwei *Qiliania*-Exemplare sind bekannt, von denen zwar die Knochen gut erhalten blieben, aber kein Weichgewebe.

DAS FUTTER DER FRÜHEN VÖGEL

Der Schlagflug verbraucht eine Menge Energie, also müssen Vögel viel fressen. Ihr besonderes Verdauungssystem sorgt dafür, dass sie möglichst viel Energie aus ihrer Nahrung ziehen. Aber diese spezielle Art der Verdauung entwickelte sich nicht auf einmal. Manche Merkmale stammen von den nächsten Verwandten der Vögel, den nicht vogelartigen Dinosauriern. Andere entwickelten sich in der Kreidezeit, als die Vögel sich immer mehr an den Schlagflug anpassten.

Leistungsstark

Im Vergleich mit Säugetieren kennzeichnet die Vögel ein kürzeres, leichteres Verdauungssystem, damit sie nicht zu schwer zum Fliegen sind. Vögel haben eine Erweiterung an der Speiseröhre, den Kropf, wo sie überschüssige Nahrung lagern. Außerdem können sie Nahrung vom Darm zurück in den Magen und wieder in den Darm befördern. Indem sie denselben Teil des Darms immer wieder benutzen, holen sie möglichst viele Nährstoffe aus der Nahrung.

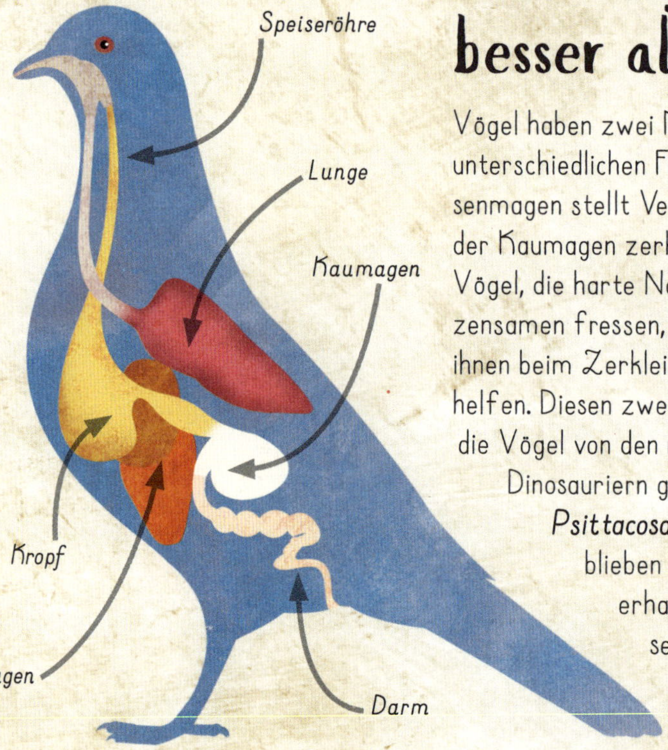

Zwei Mägen sind besser als einer

Vögel haben zwei Mägen mit zwei unterschiedlichen Funktionen: Der Drüsenmagen stellt Verdauungssäfte her, der Kaumagen zerkleinert die Nahrung. Vögel, die harte Nahrung wie Pflanzensamen fressen, schlucken Steine, die ihnen beim Zerkleinern im Kaumagen helfen. Diesen zweiteiligen Magen haben die Vögel von den nicht vogelartigen Dinosauriern geerbt. Bei einigen, wie ***Psittacosaurus*** und ***Caudipteryx***, blieben solche Magensteine erhalten, wo der Magen sein müsste – das zeigt, dass auch sie einen Kaumagen hatten.

Eulen-Gewölle

GEWÖLLE

Die meisten Vögel verschlingen ihre Beute im Ganzen, können aber nicht alle Teile schnell genug verdauen. Unerwünschte Körperteile, wie Knochen, Fell und Federn, sind nur zusätzliches Gewicht, das das Fliegen erschweren würde. Daher würgen diese Vögel alle unverdaulichen Teile in einer Kugel wieder hoch, dem sogenannten Gewölle. Sie übergeben sich also mit Absicht! Auch dieses Merkmal haben die Vögel vielleicht von den nicht vogelartigen Dinosauriern geerbt.

ANCHIORNIS

Lebte vor 163 Millionen Jahren (später Jura)
Länge: 30–45 Zentimeter

Bei einem Exemplar des Troodontiden *Anchiornis* blieb eine Kugel aus Echsenknochen im Hals erhalten. Man geht davon aus, dass er gerade Gewölle hervorwürgen wollte, als er starb. Versteinerte Melanosome verraten uns, dass *Anchiornis* dunkelgrau gefärbt war, aber rötliche Schopffedern und rötliche Flecken im Gesicht hatte. Die Beinfedern waren weiß mit schwarzen Punkten an der Spitze.

YANORNIS

Lebte vor 125–120 Millionen Jahren (frühe Kreide)
Länge: 30–33 Zentimeter
Flügelspannweite: 75–80 Zentimeter (geschätzt)

Bei vielen *Yanornis*-Fossilien sind Fische im Körperinneren erhalten geblieben, auch ganze Fische im Kropf. Das verrät uns, dass *Yanornis* trotz seiner vielen Zähne Fische im Ganzen verschlang. Im Magen wurden zerkleinerte Fischgräten gefunden und Gewölle mit Fischgräten in der Speiseröhre. Wie viele heutige fischfressende Vögel würgte *Yanornis* Gewölle mit den schwer verdaulichen Gräten und Schuppen hervor.

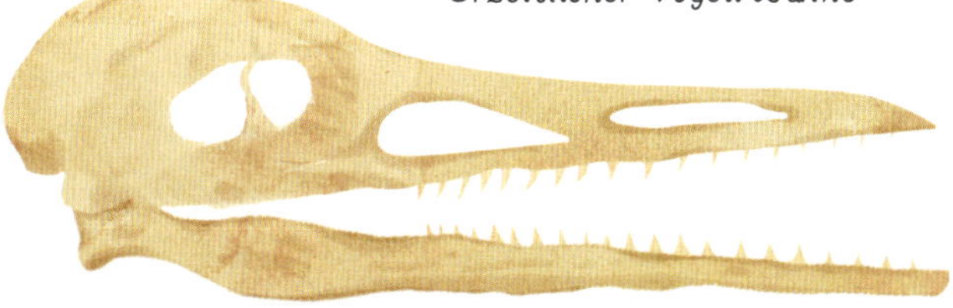

Urzeitlicher Vogel: Zähne

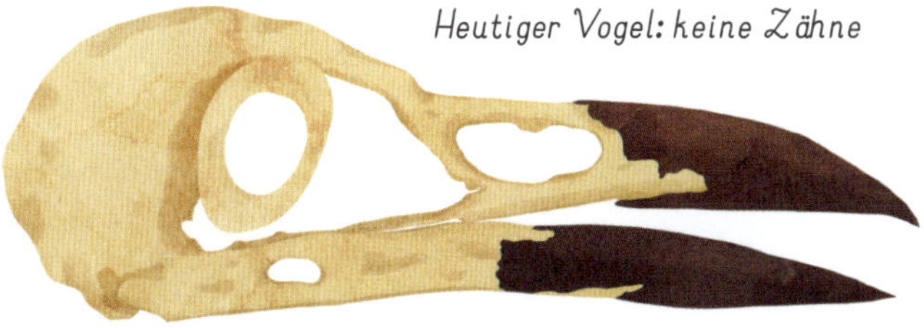

Heutiger Vogel: keine Zähne

Zähne oder Schnabel?

Heutige Vögel haben keine Zähne; die Knochen, die das Maul formen, sind mit einer Keratinschicht bedeckt, die einen Schnabel bildet. Die Zähne gingen während der Evolution der Vögel mindestens fünfmal verloren (wahrscheinlich öfter). Das Gleiche passierte auch in der Evolution einiger nicht vogelartiger Theropoden. Vögel nutzten ihre Zähne nicht zum Kauen, aber sie halfen fleischfressenden Vögeln wohl beim Beutefang. Man weiß nicht genau, warum pflanzenfressende Vögel und Dinosaurier ihre Zähne verloren – vielleicht einfach deshalb, weil sie sie nicht benutzten.

VOGELKÜKEN

Wie Vögel sich fortpflanzen und ihre Küken aufziehen, ist einzigartig in der Natur: Sie legen jeden Tag ein Ei, bis ihr Gelege vollständig ist, und brüten die Eier mit ihrer Körperwärme aus. Vögel, deren Küken nackt und hilflos schlüpfen, füttern ihren Nachwuchs jeden Tag, bis er ausgewachsen ist. Einige dieser Fortpflanzungsmerkmale haben die Vögel von ihren nächsten Dinosaurierverwandten geerbt, andere entwickelten sich in der Kreidezeit.

Dinosaurierjunge

Die meisten nicht vogelartigen Dinosaurier kümmerten sich nicht um ihre Jungen. Wahrscheinlich gruben sie Löcher und legten alle Eier mit einem Mal hinein, wie Schildkröten und Krokodile. Dann schichteten sie verrottende Pflanzen darüber, um die Eier warm zu halten. Wahrscheinlich bewachten sie ihre Nester und die Jungen konnten nach dem Schlüpfen gleich selbstständig auf die Nahrungssuche gehen.

EIN EIERSTOCK ODER ZWEI?

Die meisten Wirbeltiere an Land haben zwei funktionsfähige Eierstöcke. So heißen die weiblichen Organe, in denen Eizellen heranreifen. Auch die Dinosaurier hatten zwei Eierstöcke, die meisten Vögel dagegen haben nur einen Eierstock – den linken. Der rechte ist bis auf einen kleinen Rest verkümmert. Mehrere außergewöhnliche Vogelfossilien aus Jehol zeigen, dass Vögel schon in der frühen Kreidezeit nur einen Eierstock hatten. Der andere muss irgendwann zwischen den Oviraptorosauriern, die Eier paarweise legten, und den ersten Vögeln verloren gegangen sein. Man glaubt, dass das Fliegen die Ursache dafür war. Mit einem Ei im Körper zu fliegen muss schon schwierig sein – mit zweien ist es noch schlimmer!

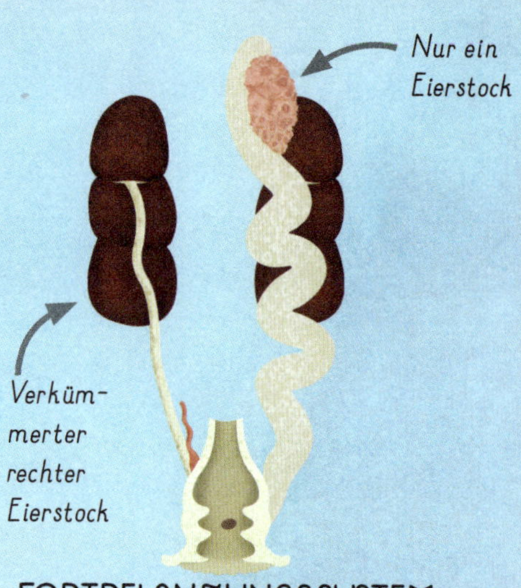

FORTPFLANZUNGSSYSTEM DER VÖGEL

Gute Eltern

Es gibt Belege dafür, dass einige vogelartige Dinosaurier, darunter auch Pennaraptora, sich um ihre Jungen kümmerten. Man fand prächtige Fossilien von Oviraptorosauriern, die in einem Ring aus Eiern sitzen und ihre Arme beschützend ausbreiten. In manchen Eiern findet man sogar einen Embryo. Das deutet darauf hin, dass die Eier mit Körperwärme ausgebrütet wurden wie bei heutigen Vögeln. Frühe Vögel saßen wahrscheinlich auch auf ihren Eiern. An einer Fossilstätte in Rumänien fand man Knochen von Enantiornithes-Embryos und ausgewachsenen Tieren zusammen.

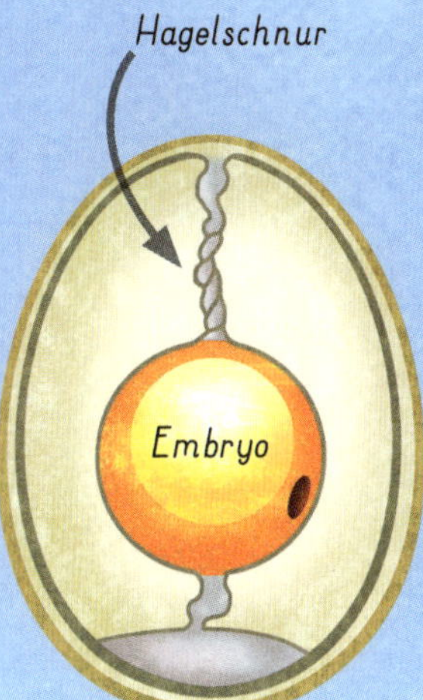

Einzigartige Innovation

Die Eier heutiger Vögel haben an jedem Ende eine Membran, die Hagelschnur. Die Hagelschnüre halten den Embryo an seinem Platz. So können Vögel ihre Eier bewegen und umdrehen, damit der Embryo schneller wächst. Krokodileier haben keine Hagelschnüre; dreht man so ein Ei um, stirbt der Embryo. Manche Enantiornithes-Nester zeigen, dass diese Gruppe ihre Eier im Schlamm ablegte und sie wahrscheinlich nicht bewegte. Diese primitiven Vögel hatten wohl noch keine Hagelschnüre; vielleicht entwickelte sich dieses Merkmal erst bei den heutigen Vögeln und half ihnen, das Massenaussterben am Ende der Kreidezeit zu überleben.

HARTSCHALIG UND FARBENFROH

Heutige Krokodile und Vögel haben Eier mit harter Schale; daher dachte man, auch Dinosaurier legten hartschalige Eier. Doch fossile Eier wurden nur von drei Dinosauriergruppen gefunden: Hadrosauridae (Entenschnabelsaurier), Sauropoden (Langhälse) und Theropoden (einschließlich Vögel). Ihre Eierschalen unterscheiden sich stark voneinander. Heute wissen wir, dass die harte Eischale sich drei verschiedene Male entwickelte. Die meisten Dinosaurier legten Eier mit weicher Schale, wie Schlangen und Schildkröten – solche Schalen bleiben nicht erhalten. Versteinerte Pigmente zeigen, dass nur Pennaraptora farbige Eier legten, so wie manche Vögel heute. Das hat mit einer Veränderung beim Nisten zu tun: Wie heutige Vögel bauten Pennaraptora offene Nester, statt die Eier zu vergraben.

VOGELSCHWÄNZE

Heutige Vögel haben Schwanzfedern in allen möglichen Formen und Größen. Ein Schwanz kann beim Fliegen helfen, muss aber nicht. Manche Vögel entwickelten aerodynamische Schwanzformen, andere dagegen extravagante Schmuckschwänze, zum Beispiel der Pfau. Bei den Vögeln im Mesozoikum war es genauso – einige hatten Schwänze, mit denen sie besser fliegen konnten, und einige lockten damit eine Partnerin an. Einige hatten sogar beides!

Jeholornis

Reptilienschwänze

Die Schwänze der ersten Vögel sahen ganz anders aus als bei heutigen Vögeln. Sie waren lang und bestanden aus vielen Knochen, wie die der nicht vogelartigen Dinosaurier und anderer Reptilien. Wir kennen lediglich zwei Vögel (***Archaeopteryx*** und ***Jeholornis***) mit solchen Schwänzen, aber es gab wahrscheinlich noch andere – wir haben sie nur noch nicht gefunden! ***Archaeopteryx*** hatte 21 bis 23 Schwanzwirbel, ***Jeholornis*** 27.

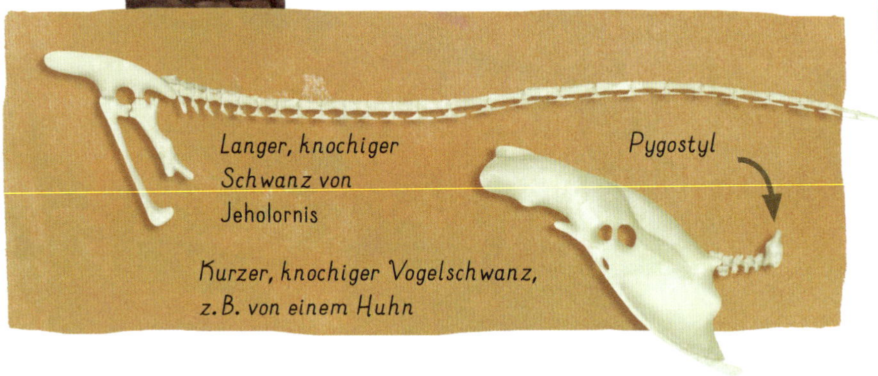

Evolution des Pygostyls

Fast alle Vögel haben einen kurzen Schwanz aus sehr wenigen Schwanzwirbeln. Die Wirbel am Schwanzende sind miteinander zum sogenannten Pygostyl verwachsen. Es gibt keine Vogelfossilien, die den Übergang vom langen zum kurzen Schwanz zeigen. Gene bestätigen, dass es wahrscheinlich ein abrupter Übergang war – eine Mutation kann aus einem langschwänzigen Tier eines mit einem kurzen Schwanz machen. Genau das passierte wahrscheinlich auch in der Evolution der Vögel.

FORMEN UND GRÖSSEN

Schon in der Kreidezeit hatten Vögel unterschiedliche Schwänze. Bei ***Confuciusornis*** und den meisten Enantiornithes trugen die Männchen lange Schmuckfedern. ***Sapeornis*** und Ornithuromorpha hatten lange, fächerförmige Schwänze. Der Fächer kommt im langsamen Flug zum Einsatz, etwa beim Landen, bleibt im schnellen Flug aber eingeklappt, damit er nicht bremst.

Confuciusornis

Sapeornis

Sexuelle Selektion

Seevogel

Darwin erkannte, dass einige Merkmale offenbar nicht dem besseren Überleben dienten. Er stellte die Hypothese auf, dass sie durch „sexuelle Selektion" entstanden. Sie helfen Tieren dabei, Partner anzulocken, damit sie ihre Gene an mehr Nachkommen weitergeben können. Doch Schmuckelemente wachsen zu lassen kostet Energie. Überdies erschweren sie die Fortbewegung. Vögel, die viel fliegen müssen und sich nicht verstecken können, etwa Seevögel, haben keine Schmuckschwänze. Vögel in Tropenwäldern haben oft welche, weil sie nicht so viel fliegen.

Tropischer Vogel

ARCHAEORHYNCHUS

Lebte vor 125–120 Millionen Jahren (frühe Kreide)
Länge: 18 Zentimeter
Flügelspannweite: 50 Zentimeter

Bei diesem Vogel besteht der Schwanz aus einem Federfächer mit zwei langen, schmalen Zierfedern, den sogenannten Spießen. Diese Schwanzform hilft beim Fliegen und lockt gleichzeitig Partnerinnen an, daher entstand sie viele Male – sowohl bei Vögeln in der Kreidezeit als auch bei heutigen Vögeln. Spieße kosten nicht viel Energie, da ihre schmale Form wenig Strömungswiderstand erzeugt.

PARAPROTOPTERYX

Lebte vor 125 Millionen Jahren (frühe Kreide)
Länge: 10–12 Zentimeter (geschätzt)
Flügelspannweite: 25–30 Zentimeter

Bei den meisten Enantiornithes liefen die Schmuckfedern spatelförmig aus. Der schmale Teil der Feder verringert den Strömungswiderstand. Solche Schmuckfedern haben sich viele Male entwickelt, aber bei den Vögeln der Kreidezeit waren sie anders als bei den heutigen Vögeln: Der Schaft war sehr breit. Solche Federn gibt es heute nicht mehr. Die meisten Enantiornithes hatten nur zwei spatelförmig auslaufende Schmuckfedern, ***Paraprotopteryx*** hatte sogar vier!

DIE EVOLUTION DES FLIEGENS

Archaeopteryx konnte fliegen, aber sein Körper war ganz anders als der heutiger Vögel. In seinem Skelett fehlten die meisten Merkmale, die zum Fliegen gehören, und wahrscheinlich flog er nicht besonders gut – zumindest im Vergleich mit heutigen Vögeln. In der Kreidezeit passten sich die Skelette und Weichgewebe der Vögel jedoch durch die natürliche Auslese besser an das Fliegen an.

Flughäute

Die Federn an einem Vogelflügel werden von Hautlappen unterstützt, die Flughäute heißen. Heutige Vögel haben mehrere Flughäute und von Fossilien wissen wir, in welcher Reihenfolge sie sich entwickelt haben. Die hintere Flughaut zwischen Ellbogen und Hand entstand zuerst. Dann kam die vordere Flughaut, die die Schulter mit dem Handgelenk verbindet. Zuletzt entwickelte sich die Eckflughaut vom ersten zum zweiten Finger, an der die Handschwingen sitzen.

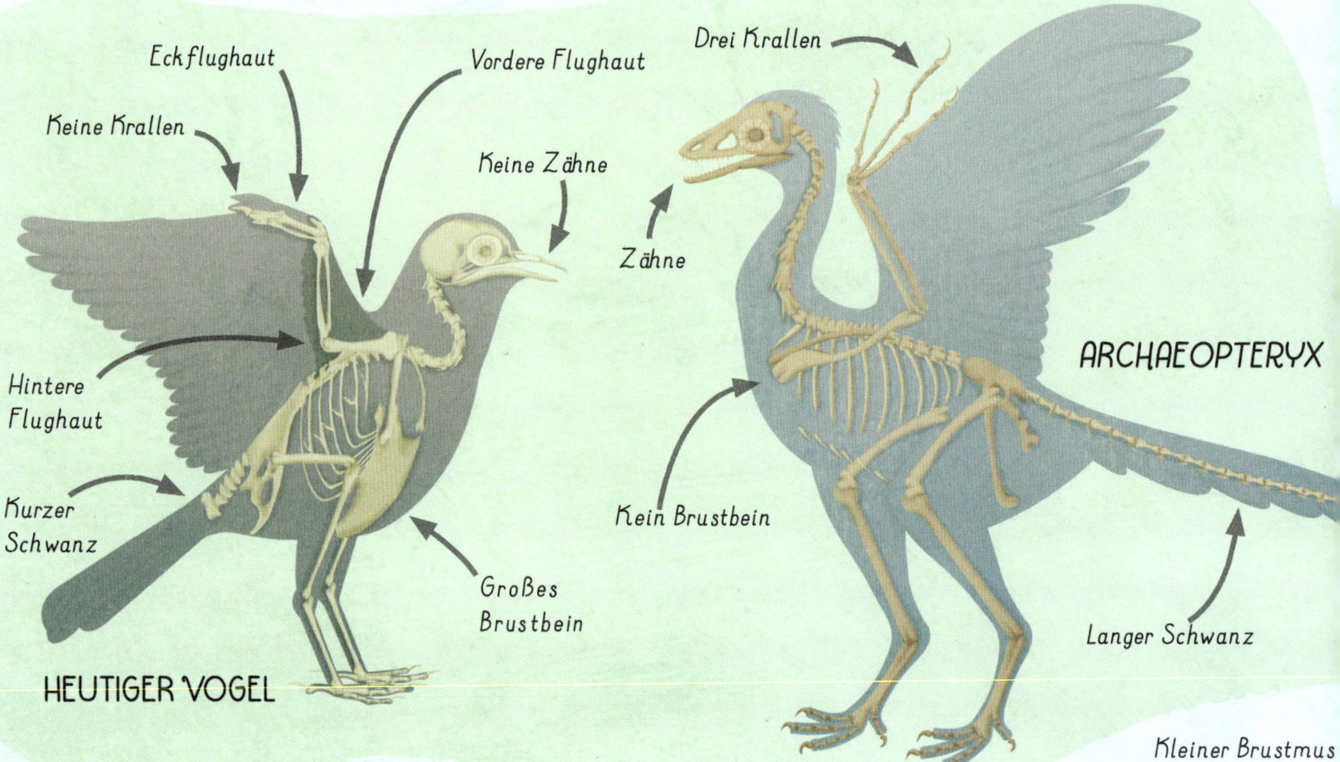

Flugmuskeln

Zwei Muskeln sind zum Fliegen wichtig: der Große und der Kleine Brustmuskel. Der Große Brustmuskel ist verantwortlich für die Abwärtsbewegung beim Flügelschlag. Der Kleine sorgt für die Aufwärtsbewegung, die weniger Muskelkraft benötigt. Beide Muskeln setzen am Brustbein an. Im Laufe der Evolution wurde das Brustbein immer größer und bot mehr Ansatzfläche für kräftigere Flugmuskeln. Die Vögel entwickelten auch einen Brustbeinkamm mit noch mehr Platz für Muskelansätze. Bei den ersten Enantiornithes war der Brustbeinkamm sehr klein, aber in der späten Kreidezeit war er größer. Enantiornithes aus der späten Kreidezeit hatten also größere Flugmuskeln und waren bessere Flieger.

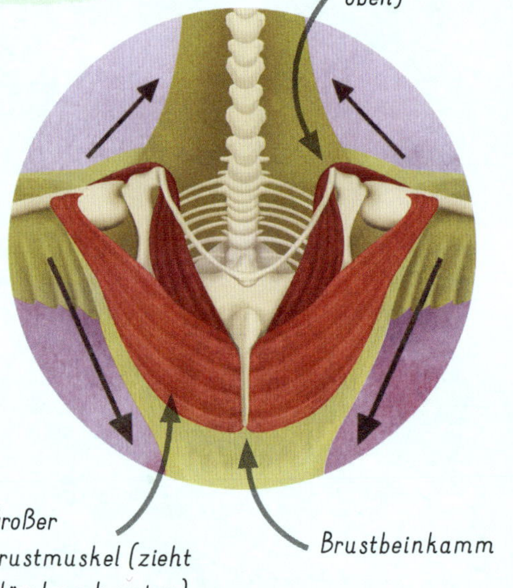

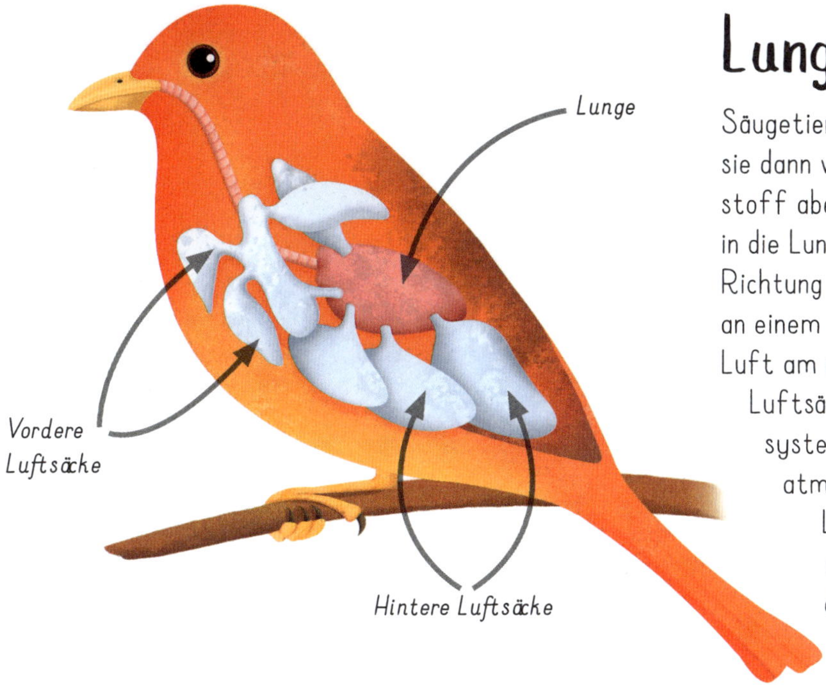

Lungen-Power

Säugetiere ziehen Luft in die Lunge und atmen sie dann wieder aus. Dabei gelangt der Sauerstoff aber nur während des halben Atemzugs in die Lunge. Bei Vögeln fließt die Luft in einer Richtung durch die Lunge – während neue Luft an einem Ende hereinströmt, wird verbrauchte Luft am anderen Ende ausgestoßen. Sogenannte Luftsäcke bewegen die Luft durch das Atemsystem. So können Vögel in großer Höhe atmen, wo es weniger Sauerstoff gibt. Luftsäcke sitzen sogar in den Hohlräumen einiger Knochen und machen das Skelett noch leichter.

SPATZENHIRN

Obwohl Menschen „Spatzenhirn" als Beleidigung verwenden, sind Vögel eigentlich sehr schlau! Sie können viele Dinge, von denen man früher dachte, dass nur Menschen und Schimpansen sie beherrschen. Zum Beispiel erkennen sie sich im Spiegel und lernen komplizierte Geräusche, wenn sie sie hören. Sie kommunizieren, benutzen Werkzeuge und erinnern sich daran, wo sie Nahrung versteckt haben. Sie können dem Blick eines Menschen folgen und wissen sogar, ob sie beobachtet werden! Ihr Gehirn ist klein, aber effizienter als unseres. Ein kleines Gehirn wiegt weniger, was besser zum Fliegen ist. Die Gehirne der Vögel im Mesozoikum waren kleiner als die der heutigen Vögel. Nach der Kreidezeit fingen sie an zu wachsen.

Vogelperspektive

Vögel können ausgezeichnet sehen, um unfallfrei zu fliegen. Im Verhältnis zum Körper haben sie große Augen, können sie aber nicht bewegen – stattdessen bewegen sie den Kopf. Die meisten Vögel können UV-Licht wahrnehmen, daher sieht die Welt durch Vogelaugen ganz anders aus! Man glaubt, dass einige Vögel sogar das Magnetfeld der Erde „sehen" können und zur Orientierung nutzen. Ihren guten Sehsinn haben die Vögel von den Theropoden geerbt.

SCHNELLES WACHSTUM

Ein besonderes Merkmal heutiger Vögel ist, dass sie sehr schnell wachsen – fast alle Arten sind nach einem Jahr ausgewachsen, einige schon nach ein paar Wochen! Dinosaurier dagegen brauchten viele Jahre, um ihre endgültige Größe zu erreichen. Schnelles Wachstum verbraucht viel Energie und ist nur möglich, weil Vögel Warmblüter sind. Aber wie entstand dieses schnelle Wachstum? Hinweise darauf liefern die Knochen ausgestorbener Dinosaurier und früher Vögel.

Paläohistologie

Paläontologen erkennen, wie Dinosaurier und frühe Vögel wuchsen, indem sie sich die Struktur ihres Knochengewebes unter dem Mikroskop ansehen. Die Untersuchung von Gewebe unter dem Mikroskop heißt Histologie. Ist das Gewebe sehr alt, heißt sie Paläohistologie. Paläohistologen schneiden fossile Knochenstücke in sehr dünne Scheiben, nur so dick wie ein Menschenhaar. Diese Scheiben legen sie unter das Mikroskop. Mit 40-facher Vergrößerung lassen sich viele Einzelheiten untersuchen.

Wachstumsringe

Zwar versteinern die lebenden Knochenzellen (die Osteozyten) nicht, aber durch ein Mikroskop erkennt man die kleinen Kammern, in denen sie steckten. Dinosaurier wuchsen nicht das ganze Jahr über gleich schnell. Wenn es im Winter weniger Nahrung gab, hörten sie auf zu wachsen und es bildete sich eine Linie im Knochengewebe – wie die Ringe in einem Baumstamm. Durch das Zählen der Linien lässt sich schätzen, wie alt ein Dinosaurier war, als er starb. Misst man den Abstand zwischen den Linien, weiß man, wie schnell er in den einzelnen Jahren wuchs.

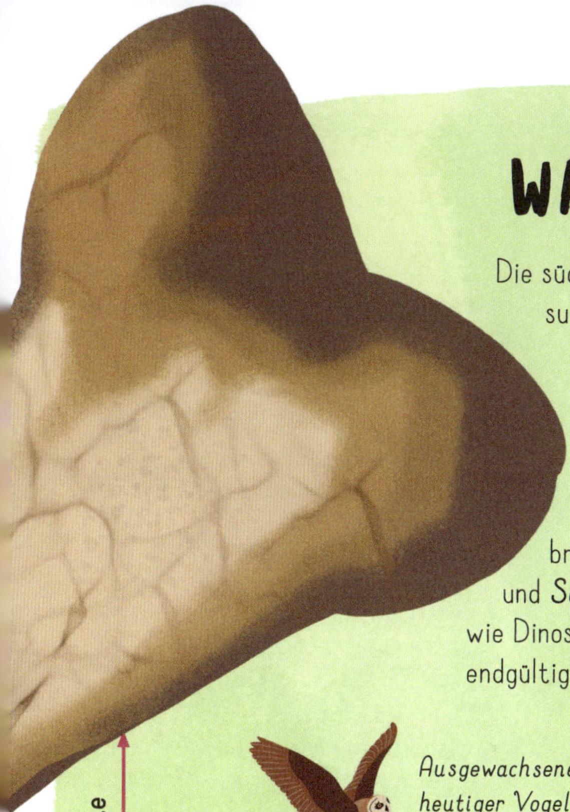

WACHSTUM IM MESOZOIKUM

Die südafrikanische Paläohistologin Anusuya Chinsamy-Turan untersuchte als erster Mensch das Knochengewebe von Vögeln aus dem Mesozoikum. Enantiornithes-Knochen zeigten, dass diese Vögel über viele Jahre sehr langsam wuchsen. Als immer mehr Enantiornithes-Knochen untersucht wurden, stellte sich heraus, dass sie auf unterschiedliche Weise wuchsen – einige schneller als andere. Alle ähnelten jedoch den Dinosauriern, weil sie mehrere Jahre brauchten, bis sie ihre volle Größe erreicht hatten. Auch ***Jeholornis*** und ***Sapeornis*** waren erst nach mehreren Jahren ausgewachsen. Genau wie Dinosaurier bekamen diese frühen Vögel schon Junge, bevor sie ihre endgültige Größe erreicht hatten.

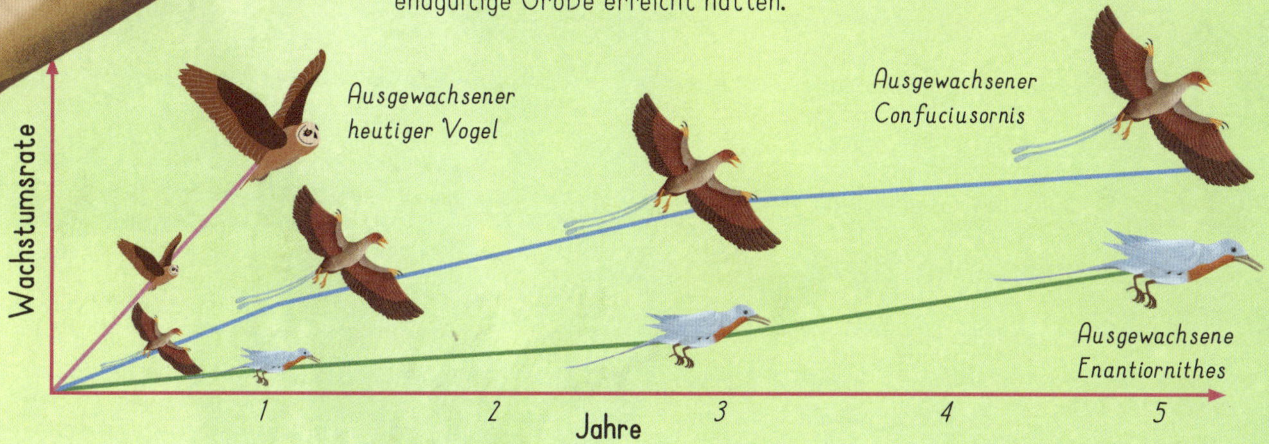

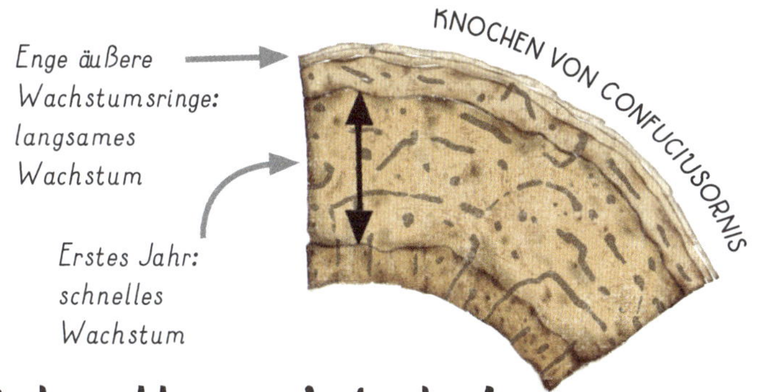

Schnelleres Wachstum

Schnelles Wachstum bedeutet, dass eine Vogelart weniger lange wehrlos und von den Eltern abhängig ist. Das schnelle Wachstum heutiger Vögel hatte sich schon bei den Vögeln der frühen Kreidezeit entwickelt, jedoch nur in der Gruppe der Ornithuromorpha, zu der auch die heutigen Vögel gehören. Doch ***Confuciusornis***, frühes Mitglied der Pygostylia, wuchs beinahe ebenso schnell. Sein Knochengewebe zeigt uns, dass er innerhalb des ersten Lebensjahrs fast seine volle Größe erreichte und in jedem folgenden Jahr noch ein kleines bisschen wuchs: Die Wachstumslinien im äußeren Teil seines Knochens liegen nämlich sehr eng beieinander.

Variables Wachstum

Bei heutigen Vögeln sind alle ausgewachsenen Exemplare einer Art etwa gleich groß. Bei Dinosauriern und frühen Vögeln war das anders: Einige ausgewachsene ***Confuciusornis*** sind nur halb so groß wie andere. In der Wissenschaft nennt man das „Entwicklungsplastizität". Das bedeutet, dass je nachdem, wie viel Nahrung oder andere Ressourcen vorhanden waren, ***Confuciusornis*** und andere frühe Vögel stärker oder weniger stark wuchsen.

Ausgewachsene Exemplare waren unterschiedlich groß – je nachdem, wie viel Nahrung sie bekamen.

VOGELMUMIEN

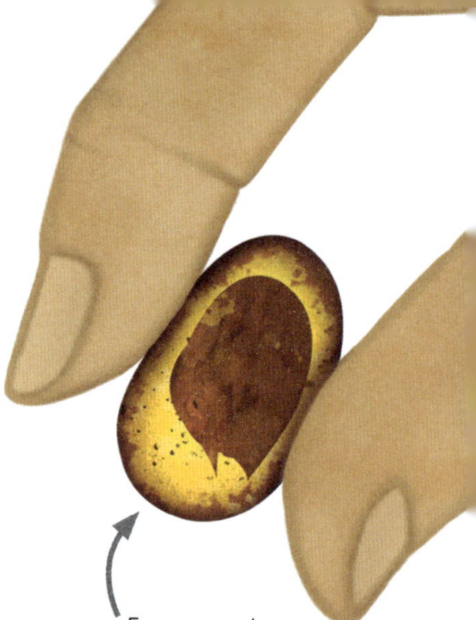

Enantiornithes in Harz

In Myanmar in Südostasien werden oft riesige Stücke Bernstein gefunden. Bernstein ist versteinertes Baumharz – eine dicke, klebrige Flüssigkeit, die aus Bäumen sickert. Es ist so klebrig, dass Tiere und Pflanzen darin stecken bleiben! Wenn das Harz zu Bernstein wird, werden aus den eingeschlossenen Lebewesen Fossilien – oder vielmehr Bernsteinmumien. Normalerweise kleben nur kleine Tiere wie Insekten im Harz fest, aber die asiatischen Bernsteinstücke sind so groß, dass darin auch Wirbeltiere erhalten bleiben!

Lange Geschichte

Der Bernstein aus dem Norden Myanmars wird seit fast 2000 Jahren gesammelt. Früher wurde daraus Schmuck gemacht. In China wird er wegen seiner roten Farbe auch „Blut-Bernstein" genannt. Myanmar hieß früher Burma und der Bernstein von dort ist immer noch als „Burma-Bernstein" bekannt. Die ersten darin eingeschlossenen Insekten wurden 1916 beschrieben. Ein Jahrhundert später machte man eine verblüffende Entdeckung: zwei Bernsteinstücke mit den Überresten kleiner Vögel!

Enantiornithes

Vögel in Bernstein

Bisher wurden mindestens zehn Burma-Bernsteine gefunden, in denen Vögel erhalten blieben, in zwei Fällen sogar fast vollständig. Alle bisher gefundenen Vögel sind sehr kleine Enantiornithes – einige sind nur so groß wie Kolibris! Manche zeigen äußerst seltsame Merkmale, die nirgendwo anders bei Enantiornithes zu finden sind.

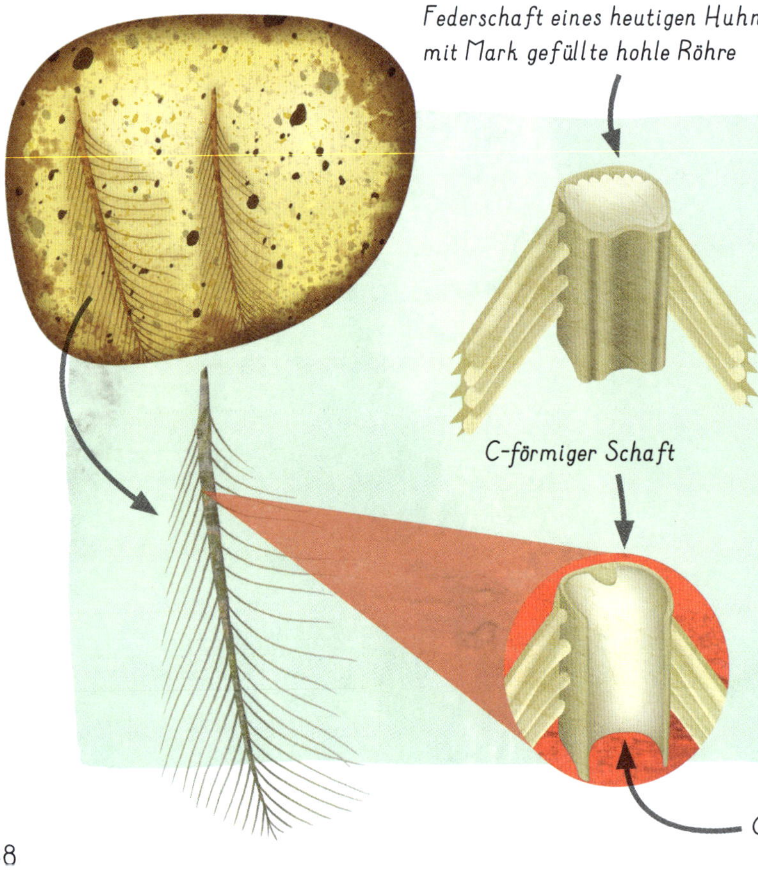

SELTSAME FEDERN

Federn mit langem Schaft (siehe Seite 42–43) wurden erstmals bei Vögeln gefunden, die in Gestein erhalten blieben. Doch als die ersten dieser Federn in Bernstein entdeckt wurden, widerlegten sie alles, was wir über sie zu wissen glaubten! Der Schaft war nämlich nicht hohl wie bei heutigen Federn, sondern sah im Querschnitt aus wie ein C. Außerdem war er sehr dünn – dünner als ein Blatt Papier!

ELEKTORORNIS

Lebte vor 99 Millionen Jahren (frühe Kreide)
Länge: 12 Zentimeter (geschätzt)
Flügelspannweite: 25 Zentimeter

Der Fuß dieses Vogels ist mit seiner sehr langen mittleren Zehe anders als bei allen anderen ausgestorbenen oder heutigen Vögeln. Man glaubt, dass ***Elektorornis*** damit in verrottenden Bäumen nach Maden stocherte. Das Fingertier, eine Lemurenart, macht es genauso, nur dass es statt der Zehe einen Finger benutzt. Heutige Vögel gehen mit Schnabel und Zunge auf Raupenjagd.

FORTIPESAVIS

Lebte vor 99 Millionen Jahren (frühe Kreide)
Länge: 10–12 Zentimeter (geschätzt)
Flügelspannweite: 20–25 Zentimeter

Alles, was wir über diesen kleinen Vogel wissen, stammt von einem Abdruck der Haut an seinem Fuß. Die ersten beiden der drei nach vorn zeigenden Zehen sehen normal aus, aber die dritte ist ungewöhnlich breit. Vielleicht war sein Fuß daran angepasst, auf schwankenden Zweigen zu sitzen. Bei den heutigen Eisvögeln sind die zweite und dritte Zehe mit Haut zu einer breiten Außenzehe verbunden. Das vergrößert die Fläche des Fußes und der Vogel kann sich besser festhalten.

Andere Lebewesen

Nicht nur Vögel wurden in Burma-Bernstein gefunden, sondern auch eine junge Schlange, mehrere Eidechsen, ein Frosch und sogar ein Schwanz, der einem jungen Dinosaurier gehört haben könnte! Das erste Wirbeltier, das man in Bernstein eingeschlossen fand, war ein Gecko, und selbst das Weichgewebe seiner klebrigen Zehenpolster blieb erhalten. Eine Eidechse ist so merkwürdig, dass man sie zunächst für einen Vogel hielt! Später stellte sich heraus, dass sie einen vogelförmigen Schädel hatte.

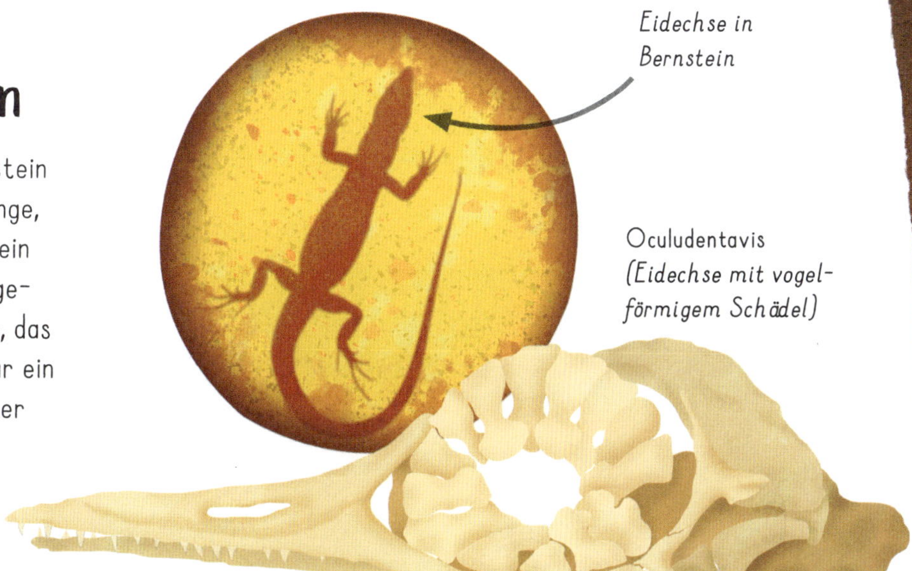

VÖGEL DER SPÄTEN KREIDEZEIT

Die späte Kreidezeit dauerte von 100,5 bis 66 Millionen Jahre vor heute. Im Vergleich zur frühen Kreidezeit wurden aus dieser Zeit nicht viele, meist nur unvollständige Vogelfossilien gefunden. Einige Arten wurden sogar anhand eines einzigen Knochens bekannt – oder noch weniger! Auch das Weichgewebe ist oft nicht erhalten. Daher lässt sich schwer sagen, wie diese Vögel aussahen. Wir wissen aber, dass primitive Vogelgruppen in der späten Kreidezeit in vielem immer mehr den heutigen Vögeln ähnelten, als aus ihnen immer bessere Flieger wurden.

MIRARCE

Lebte vor 76–74 Millionen Jahren (späte Kreide)
Länge: 33 Zentimeter (geschätzt)
Flügelspannweite: 1–1,25 Meter

Mirarce gehört zu den Avisauridae, einer Gruppe der Enantiornithes. Erst hielt man diese Tiere für nicht vogelartige Dinosaurier, aber tatsächlich sind es Vögel. Die meisten Avisauridae kennen wir durch einen einzelnen Fußknochen, nur von *Mirarce* wurden in Utah zahlreiche Knochen gesammelt. Dieser Vogel wuchs erst schnell, dann langsam, dann wieder schnell und wieder langsam. *Mirarce* war einer der größten bekannten Vertreter der Enantiornithes.

HESPERORNIS

Lebte vor 83,5–78 Millionen Jahren (späte Kreide)
Länge: bis zu 2 Meter

Hesperornis ist der größte bekannte Vogel der Kreidezeit. Sein Maul war voller gekrümmter Zähne, mit denen er Beute zerteilen konnte. *Hesperornis* war nicht in der Lage zu fliegen – er hatte nicht einmal mehr Handknochen! Seine Füße waren speziell an das Schwimmen angepasst, ähnlich wie die der heutigen See- und Lappentaucher.

YUORNIS

Lebte vor etwa 72–66 Millionen Jahren (späte Kreide)
Länge: 28 Zentimeter (geschätzt)
Flügelspannweite: 75–90 Zentimeter

Yuornis aus Zentralchina ist das vollständigste Mitglied der Enantiornithes aus der späten Kreidezeit, das je gefunden wurde. Er blieb dreidimensional und mit vollständigem Schädel erhalten. Dieser Fund zeigt, dass Enantiornithes und heutige Vögel unabhängig voneinander einige identische Schädelmerkmale entwickelten. Einen Knochen, das Postorbitale, findet man bei Enantiornithes der frühen Kreidezeit, aber nicht bei heutigen Vögeln – und bei *Yuornis*. Wie *Gobipteryx* hatte er keine Zähne, aber eine andere Schnabelform als dieser.

GOBIPTERYX

Lebte vor 75–71 Millionen Jahren (späte Kreide)
Länge: 18 Zentimeter (geschätzt)
Flügelspannweite: 65 Zentimeter

Als *Gobipteryx* in der Mongolei entdeckt wurde, hielt man ihn zunächst für einen Verwandten des Straußes. Doch der Paläontologe Luis Chiappe wies später nach, dass er zu den Enantiornithes gehört. Wie heutige Vögel hatte er keine Zähne. Der Fund von *Gobipteryx*-Embryos mit gut entwickelten Knochen in Eiern zeigt, dass Enantiornithes Supernestflüchter waren.

ICHTHYORNIS

Lebte vor 95–83,5 Millionen Jahren (späteste frühe Kreide)
Länge: 23 Zentimeter
Flügelspannweite: 75 Zentimeter (geschätzt)

Das 1880 entdeckte Skelett von *Ichthyornis* sah aus wie das heutiger Vögel, bis auf die vielen Zähne in den Kieferknochen. Das und sein Fundort in Meeresgestein deuten darauf hin, dass er Fisch fraß. Er flog über das Meer und fing Fische im Sturzflug – genau wie die heutigen Möwen. Im Knochen an der Schnauzenspitze (dem Zwischenkiefer) saßen keine Zähne und wahrscheinlich hatte er einen kleinen, gekrümmten Schnabel (ja, richtig, einige Vögel hatten einen Schnabel und zusätzlich Zähne).

Känozoikum

66 Millionen Jahre vor heute

Obere Kreide

100,5 Millionen Jahre vor heute

Untere Kreide

145 Millionen Jahre vor heute

Oberer Jura

163,5 Millionen Jahre vor heute

AUFSTIEG MODERNER VÖGEL

Die modernen oder heutigen Vögel bilden die Gruppe Neornithes. Sie ist unglaublich vielfältig, stammt aber von nur einem gemeinsamen Vorfahren ab. Es wurden sehr wenige Fossilien moderner Vögel aus der Kreidezeit gefunden, daher wissen wir über den Ursprung der Neornithes nicht sehr viel. Die meisten Funde sind unvollständig; von Arten wie *Austinornis* und *Ceramornis* gibt es sogar nur ein einzelnes Knochenstück! Bei so wenig Ausgangsmaterial ist es kein Wunder, dass die Wissenschaft nicht genau sagen kann, zu welcher Vogelgruppe diese Fossilien gehören.

Abspaltung

Die vorhandenen Fossilien verraten, dass sich die Neornithes schon in der späten Kreidezeit in mehrere Gruppen aufteilten. Die Urkiefervögel (zu denen heute Strauße, Kiwis, Steißhühner, Emus, Kasuare und Nandus gehören) hatten sich von den Neukiefervögeln abgespalten, die alle anderen Vögel umfassten. Auch die Gänsevögel (Enten und Gänse) und die Hühnervögel (Hühner und Truthühner) hatten sich abgespalten. Die Vorfahren von Straußen, Enten und Hühnern lebten also schon vor mindestens 68 Millionen Jahren.

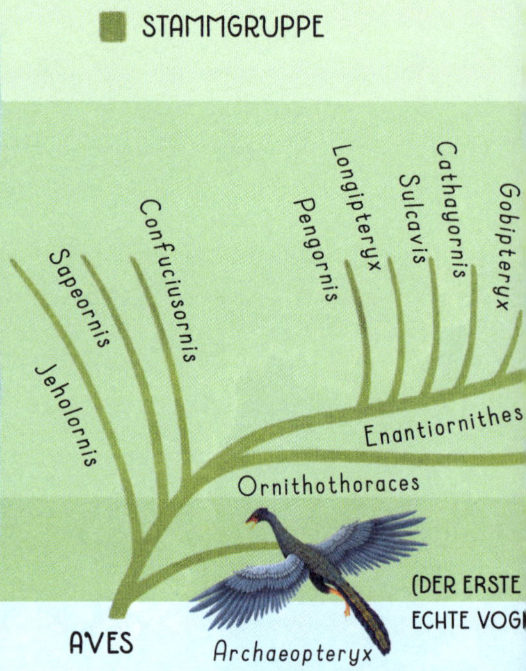

VEGAVIS

Lebte vor 69–66 Millionen Jahren (späte Kreide)
Länge: 25–30 Zentimeter
Flügelspannweite: 1–1,1 Meter

Vegavis wurde nach seinem Fundort, der Vega-Insel in der Antarktis, benannt und ist der erste Fossilfund eines Vogels aus der Kronengruppe (siehe rechts). Möglicherweise war er am engsten mit den Enten verwandt. *Vegavis* hatte mehrere fortschrittliche Merkmale, die in der Stammgruppe nicht zu finden sind, wie den Stimmkopf (auch Syrinx genannt), das Stimmorgan der Vögel. Es ist das einzige Stimmkopf-Fossil aus dem Mesozoikum, das je gefunden wurde. Das bedeutet, dass sich dieses Merkmal sehr spät entwickelte und nur in der Kronengruppe vorhanden war.

Das fünfte Massenaussterben durch einen Meteor markiert die Grenze zwischen Mesozoikum und Känozoikum.

Krone oder Stamm?

Der Stammbaum einer Gruppe von Lebewesen lässt sich in zwei Teile teilen: Die Kronengruppe umfasst alle Arten, die sich aus dem gemeinsamen Vorfahren aller noch lebenden Arten entwickelt haben. Die Stammgruppe besteht aus den Arten, die keine heute lebenden Verwandten mehr haben. Bei den Vögeln gehören die Enantiornithes zur Stammgruppe, die zusammen mit den nicht vogelartigen Dinosauriern ausstarben. Sie haben keine lebenden Verwandten. Zur Kronengruppe können auch ausgestorbene Arten gehören. Zum Beispiel verschwanden einige Kolibriarten vor rund 30 Millionen Jahren, aber da es heute noch andere Kolibriarten gibt, zählen ihre ausgestorbenen Verwandten ebenfalls zur Kronengruppe. Alle Vögel in der Kronengruppe gehören zu den Neornithes – nur diese Gruppe überlebte das Massenaussterben am Ende der Kreidezeit.

ASTERIORNIS

Lebte vor 66,7 Millionen Jahren (späte Kreide)
Länge: 30 Zentimeter (geschätzt)
Flügelspannweite: 50 Zentimeter

Der in Belgien entdeckte ***Asteriornis*** ist das vollständigste und am besten erhaltene Mitglied der Neornithes aus der Kreidezeit, das je gefunden wurde. Das Exemplar besteht aus einem fast vollständigen Schädel mit einigen Knochen aus Armen und Beinen. Dieser Vogel hatte lange Beine und muss an der Küste in Wassernähe gelebt haben. ***Asteriornis*** ist eng verwandt mit dem gemeinsamen Vorfahren der beiden großen Vogelgruppen, den Gänsevögeln und den Hühnervögeln, und zeigt Merkmale beider Gruppen. Seinen Namen hat er einer griechischen Göttin zu verdanken, die mit Sternschnuppen verknüpft wird, weil er kurz vor dem Meteoriteneinschlag lebte, der das Aussterben der meisten Dinosaurier zur Folge hatte.

MASSENAUSSTERBEN

Wenn mindestens 75 Prozent einer komplexen Art in einem geologisch kurzen Zeitraum aussterben, spricht man von einem Massenaussterben . Solche Ereignisse zeigen sich sehr deutlich in den Gesteinsschichten durch eine klare Grenze zwischen Schichten mit reichlich Fossilien und Schichten fast ohne. Massenaussterben trennen immer zwei Zeitabschnitte. So markierte etwa die Perm-Trias-Krise vor 252 Millionen Jahren das Ende des Paläozoikums und den Beginn des Mesozoikums.

Chicxulub-Einschlagkrater

Das fünfte Massenaussterben

Es gab fünf Massenaussterben in der Erdgeschichte. Vor etwa 66 Millionen Jahren starben alle nicht vogelartigen Dinosaurier aus, genau wie Pterosaurier, Plesiosaurier, Mosasaurier und zwei große Gruppen fossiler Tintenfische. Dieses Aussterben markierte das Ende der Kreidezeit und den Beginn des Paläogens. Es wird daher auch Kreide-Paläogen-Grenze genannt. Gleichzeitig markiert es auch das Ende des Mesozoikums und den Beginn des Känozoikums, in dem wir leben.

DIE SUCHE NACH CHICXULUB

Lange kannte niemand den Grund für dieses Massenaussterben. In der Kreide-Paläogen-Grenze finden sich große Mengen des Elements Iridium. Es kommt auf der Erde selten vor, in Asteroiden jedoch häufig. 1980 stellte der Physiker Luis Alvarez die These auf, dass der hohe Iridiumgehalt durch einen Meteoriteneinschlag verursacht wurde. In den 1990er-Jahren wurde dann im Golf von Mexiko ein großer Krater von 180 Kilometern Durchmesser entdeckt. Er stammt aus der gleichen Zeit wie die Kreide-Paläogen-Grenze und stützt damit Dr. Alvarez' These, dass ein Meteorit die nicht vogelartigen Dinosaurier ausrottete.

Weltweite Katastrophe

Der Meteorit wird auf einen Durchmesser von 10 bis 14 Kilometer geschätzt. Als er aufschlug, gelangten große Mengen Schwefel in die Atmosphäre. Wochenlang muss saurer Regen gefallen sein. Der Einschlag verursachte außerdem einen gewaltigen Tsunami und eine dicke Staubwolke, die monatelang die Sonne verdunkelte und alle Pflanzen vernichtete. Das Schlimmste aber war, dass vermutlich die oberen Meeresschichten sauer wurden.

Die Überlebenden

Viele Gruppen überlebten über die Kreide-Paläogen-Grenze hinaus, auch wenn ihre Bestände vorübergehend stark schrumpften. Als das Leben wieder seine gewohnte Vielfalt erreicht hatte, war die Wissenschaft überrascht, welche Gruppen überlebt hatten. Die Amphibien trugen keinen Schaden davon, obwohl die Paläontologen gedacht hätten, sie seien besonders empfindlich gegenüber Bedingungen wie dem Säuregrad. Die meisten Dinosaurier (einschließlich der meisten Vögel) starben aus – nur eine Gruppe überlebte: die Neornithes.

ANDERE THEORIEN

War der Meteoriteneinschlag die einzige Ursache für das letzte Massenaussterben? Man glaubt, dass einige Dinosaurierlinien wie die Sauropoden bereits zurückgingen. Vielleicht wurden sie auch gar nicht weniger, sondern wir haben nur ihre Fossilien noch nicht gefunden. Kurz vor der Kreide-Paläogen-Grenze setzten in Indien gewaltige Vulkanausbrüche ein und die Gase führten zu einem Klimawandel (Ähnliches könnte auch das Massenaussterben an der Perm-Trias-Grenze ausgelöst haben). Vermutlich wurde das fünfte Massenaussterben vom Meteoriteneinschlag verursacht und durch die Vulkanausbrüche verschlimmert.

Warum überlebten die Neornithes?

Warum starben Vögel wie die Enantiornithes aus, während die Neornithes überlebten? Diese Frage stellt die Paläontologie immer noch vor ein Problem. Vielleicht hat es mit den wesentlichen Unterschieden in der Biologie zu tun. Die Vertreter der Neornithes wuchsen schneller, waren besser an Nahrung wie Samen angepasst, die es nach dem Meteoriteneinschlag noch gab, und hatten durch Hagelschnüre „gesicherte" Eier.

DIE EVOLUTION DER MODERNEN VÖGEL

Im Paläogen teilte sich der Stammbaum der Vogelfamilie bald in die Gruppen, die wir heute kennen. Man bezeichnet dies als „explosive Radiation", weil es so schnell passierte und so viele neue Arten hervorbrachte. Das Auftauchen der meisten großen Vogelgruppen innerhalb von nur fünf bis zehn Millionen Jahren nach dem Massenaussterben könnte möglich gewesen sein, weil es Gruppen wie Enantiornithes und Pterosaurier nicht mehr gab. Der Meteorit hatte also im Grunde die Konkurrenz ausgeschaltet!

TSIDIIYAZHI

Lebte vor 62,5 Millionen Jahren (frühes Paläozän)
Länge: 10 Zentimeter (geschätzt)
Flügelspannweite: 20 Zentimeter

Tsidiiyazhi wurde in New Mexico entdeckt. Sein Name bedeutet „kleiner Vogel" auf Deutsch. Das Tier gehört zur Gruppe der Mausvögel. Heute besteht diese Gruppe aus nur noch sechs Arten, die alle in Afrika südlich der Sahara vorkommen. *Tsidiiyazhi* lebte wahrscheinlich auf Bäumen und fraß Früchte und Samen. Er konnte, wie auch alle heutigen Mausvögel, seinen vierten Zeh nach hinten drehen. Das ist praktisch, um auf Bäume zu klettern und Äste zu greifen.

WAIMANU

Lebte vor 61–58 Millionen Jahren (frühes Paläozän)
Standhöhe: 1 Meter

Waimanu ist der älteste bekannte Pinguin. Sein Name stammt aus der Sprache der Maori und bedeutet „Wasservogel". Fossilien dieser Art sind in Neuseeland zu finden. Seine Beine waren länger als die heutiger Pinguine, aber wie sie stand *Waimanu* aufrecht an Land und konnte nicht fliegen. Seine Flügel waren jedoch an das „Fliegen" unter Wasser angepasst und machten aus ihm einen hervorragenden Schwimmer. Wahrscheinlich jagte er Fische und Tintenfische.

LIMNOFREGATA

Lebte vor 54–52 Millionen Jahren (Eozän)
Länge: 50 Zentimeter (geschätzt)
Flügelspannweite: 1–1,2 Meter

Fregattvögel sind äußerst wendige Flieger. Sie stellen anderen Vögeln in der Luft nach und stehlen ihnen die Nahrung. *Limnofregata*, der älteste fossile Fregattvogel, hatte einen kürzeren und weniger gekrümmten Schnabel als heutige Fregattvögel und auch längere Beine. *Limnofregata* lebte in der Nähe von Süßwasserseen in Wyoming, heutige Fregattvögel findet man jedoch am Meer.

PULCHRAPOLLIA

Lebte vor 55 Millionen Jahren (frühes Eozän)
Länge: 15–20 Zentimeter (geschätzt); Flügelspannweite: 30–40 Zentimeter

Pulchrapollia wurde in Großbritannien entdeckt. Dieser Vogel gehörte vermutlich zur Gruppe Halcyornithidae, die eng mit den Papageien verwandt ist. Wie heutige Papageien hatte *Pulchrapollia* zwei Zehen, die nach vorn zeigten, die beiden anderen zeigten nach hinten. Man glaubt, dass er im Gegensatz zu den heutigen Papageien ein Fleischfresser gewesen sein könnte.

MASILLARAPTOR

Lebte vor 49 Millionen Jahren (frühes bis mittleres Eozän)
Länge: 15–20 Zentimeter (geschätzt)
Flügelspannweite: 38–43 Zentimeter

Masillaraptor gilt als entfernter Verwandter der heutigen Falken. Er stammt aus einer berühmten Fossilfundstelle in Deutschland. Viele Arten von dort hatte der Paläontologe Gerald Mayr beschrieben, darunter auch *Masillaraptor*. Dieser hatte lange Beine und einen gekrümmten Schnabel, der länger war als der heutiger Falken. Seine Klauen waren kleiner und nicht so stark gekrümmt.

EUROTROCHILUS

Lebte vor 30 Millionen Jahren (Oligozän)
Länge: 9 Zentimeter (geschätzt)
Flügelspannweite: 10 Zentimeter

Eurotrochilus sah mit seinem langen Schnabel und den sehr kurzen Flügeln einem heutigen Kolibri sehr ähnlich. Seine Fossilien wurden in Deutschland und in Frankreich gefunden. Das ist merkwürdig, da heutige Kolibris nur in Nord- und Südamerika vorkommen. Fossilien wie diese können zeigen, wie sich die Verteilung der Vögel im Laufe geologischer Zeiträume verändert hat.

SIE SCHAFFTEN ES NICHT!

In den 66 Millionen Jahren seit dem Aussterben der nicht vogelartigen Dinosaurier gab es viele verschiedene Gruppen von Vögeln, die zwar eng mit den heutigen Arten verwandt waren, aber heute nicht mehr existieren. Einige waren richtig cool! Zu ihnen gehören die größten Vögel, die jemals fliegen konnten, und riesige flugunfähige Vögel, neben denen ein Strauß winzig wirkt.

GASTORNIS

Lebte vor 56–45 Millionen Jahren (Paläozän–Eozän)
Standhöhe: 2 Meter

Gastornis war eines der größten Mitglieder einer Gruppe, deren Fossilien in Nordamerika und Eurasien zu finden sind. Neben Knochen wurden auch Eier und Fußspuren gefunden. Diese Vögel waren riesige flugunfähige Verwandte der Gänse und Enten. *Gastornis* hatte einen großen, kräftigen Schädel. Seine wuchtigen Beinknochen deuten darauf hin, dass er nicht schnell laufen konnte. Möglicherweise fraß er harte Pflanzenteile wie Nüsse.

KELENKEN

Lebte vor 15 Millionen Jahren (Miozän)
Standhöhe: 3,2 Meter

Kelenken gehörte zu einer Gruppe räuberischer flugunfähiger Vögel, die wegen ihrer gewaltigen Größe und ihrer Ernährungsweise auch „Terrorvögel" genannt werden. Terrorvögel lebten vor 62 bis 1,8 Millionen Jahren und waren in dieser Zeit die Spitzenräuber in Südamerika. *Kelenken*, der in Argentinien lebte, gehörte zu den größten Vertretern und hatte einen langen Schnapel mit stark gekrümmter Spitze. Seine Beinknochen sind lang und schlank; wahrscheinlich konnte er also schnell laufen.

Pelagornis hatte eine doppelt so große Flügelspannweite wie der Wanderalbatros, der größte flugfähige Vogel.

PELAGORNIS

Lebte vor etwa 28–25 Millionen Jahren (Oligozän)
Länge: 1,5 Meter; Flügelspannweite: 6,5 Meter

Mit seiner gewaltigen Flügelspannweite war ***Pelagornis*** der größte Vogel, der jemals fliegen konnte. Wie die anderen Mitglieder seiner Gruppe wuchsen ihm Knochenspitzen aus den Kieferknochen, die wie spitze Zähne aussahen. Wahrscheinlich waren sie nützlich bei der Jagd auf glitschige Fische und Tintenfische, ähnlich wie die Zähne von ***Yanornis*** und ***Ichthyornis***. ***Pelagornis*** war am Himmel über dem Meer von der Antarktis bis Nordamerika zu finden.

VOROMBE

Lebte vor 2 Millionen Jahren bis 1000 n. Chr. (Pleistozän–Holozän)
Standhöhe: 3 Meter; Gewicht: 725 Kilogramm

Vorombe war wohl der schwerste Vogel aller Zeiten – er wog fünfmal so viel wie der schwerste Strauß! ***Vorombe*** gehörte zu den Elefantenvögeln, einer Gruppe riesiger flugunfähiger Vögel, die einst auf Madagaskar lebten. Die heute ausgestorbene Gruppe zählte zu den Urkiefervögeln und war am engsten mit den Kiwis verwandt. Wie diese brauchte ***Vorombe*** mehrere Jahre, um seine volle Größe zu erreichen. Elefantenvögel legten die größten Eier aller Vögel – über 30 Zentimeter lang mit einer dicken Schale. Sie starben aus, weil die Menschen ihren Lebensraum zerstörten, sie jagten und ihre Eier stahlen.

Isoliert auf Inseln

Es ist kein Zufall, dass Elefantenvögel auf einer Insel lebten und ausstarben, als die Menschen kamen. Dasselbe gilt für den Dodo, der auf Mauritius lebte. Auf isolierten Inseln gibt es oft keine großen Raubtiere; deshalb haben die Vögel dort keinen Verteidigungsmechanismus entwickelt. Viele Inselvögel verlieren auch die Fähigkeit zu fliegen. Solche schutzlosen Vögel laufen Gefahr, durch Bejagung und die Einführung räuberischer Arten durch Menschen, zum Beispiel Ratten, Katzen und Schweine, auszusterben. Der Kakapo, ein flugunfähiger Papagei in Neuseeland, ist aktuell aus genau diesem Grund bedroht.

Kakapo

VÖGEL HEUTE

Die Vögel, die du vom Fenster aus sehen kannst, sind fliegende Dinosaurier mit einer über 155 Millionen Jahre alten Evolutionsgeschichte. Heute leben Vögel in jeder denkbaren Umgebung, von den kalten, eisigen Weiten der Antarktis bis in die Wüsten der Mongolei und Patagoniens. Es gibt sie in allen Formen und Größen, von der winzigen Bienenelfe bis zum 145 Kilogramm schweren Strauß, mit Flügelspannweiten von bis zu vier Metern. Vögel spielen heute aus vielen Gründen eine sehr wichtige Rolle.

Sperbergeier

Warum so unterschiedlich?

Mit mindestens 10 000 lebenden Arten sind Vögel die vielfältigste Gruppe aller Wirbeltiere an Land. Teilweise liegt das daran, dass ihre biologischen Merkmale so ausgeklügelt sind, dass sie in beinahe jeder Umgebung überleben können, auch in großen Höhen mit weniger Sauerstoff. Der bedrohte Sperbergeier etwa fliegt so hoch wie ein Verkehrsflugzeug – kein Säugetier würde dort überleben! Zusätzlich ist das Verdauungssystem der Vögel so flexibel, dass sie sich an fast jede Nahrung anpassen können.

Die vielen Rollen der Vögel

Vögel spielen eine wichtige Rolle in dem Ökosystem, das sie bewohnen. Sie fressen viele Schädlinge wie Raupen, die in großer Anzahl Bäume zum Absterben bringen, und Nagetiere, die Nutzpflanzen schädigen sowie Krankheiten verbreiten können. Vögel sind auch wichtig für die Verbreitung von Samen und manche bestäuben sogar Pflanzen. Geier beseitigen Kadaver und verhindern so die Ausbreitung von Krankheiten.

Vögel und Menschen

Vögel sind ein wichtiger Teil unseres Lebens. In früheren Zeiten beteten die Menschen sie sogar an! Für die alten Ägypter war der Ibis das Symbol des Gottes Thot und die Eule stand für Athena, die griechische Göttin der Weisheit. In Nordamerika sind in Totempfähle Donnervögel eingeschnitzt, Wesen mit übernatürlichen Kräften. In China wurden Bilder eines unsterblichen Phönix auf 8000 Jahre alten Artefakten gefunden. Adler werden seit über 1000 Jahren als Symbol für Königreiche und Länder genutzt, von den Römern bis zu den USA.

Federn in unserem Alltag

Wenn du irgendwo lebst, wo es kalt ist, nutzt du wahrscheinlich Federn im Alltag. Federn füllen unsere Daunendecken und warmen Jacken. Auch für Waffen brauchte man früher Federn, damit Pfeile gerade flogen. Angler benutzen sie als Köder. Und zahlreiche Kulturen zu vielen verschiedenen Zeiten haben Federn in der Mode eingesetzt. Die alten Ägypter trugen Federn zu Ehren von Ma'at, der Göttin der Wahrheit. Indigene Völker in Nordamerika stellten kunstvollen Kopfschmuck aus Federn her, auch Federhaube genannt. Im Mittelalter trugen Ritter in Europa Federn an ihren Helmen und in Venedig schmückten Federn die Masken, die zum Karneval getragen wurden. In Brasilien trägt man sie immer noch zum Karneval; portugiesische Siedler brachten diese Tradition mit.

Dinos auf dem Teller

Schon immer haben Menschen Vögel und ihre Eier gegessen. Wahrscheinlich war das sogar bei unseren Verwandten, den Neandertalern, genauso. Zunächst waren Vögel eine eher unbedeutende Nahrungsquelle, weil sie schwer zu fangen sind und nicht viel Fleisch liefern. Das Huhn wurde in Nordostchina schon 5000 v. Chr. domestiziert, aber zum Sport und nicht zum Essen. Die alten Ägypter könnten die Ersten gewesen sein, die Vögel als Nahrung hielten. Sie entwickelten auch ein künstliches Befruchtungssystem, damit ihre Vögel mehr Eier legen konnten.

Wenn eine Henne ihr Ei nicht ausbrüten muss, legt sie immer weiter Eier.

DAS SECHSTE MASSENAUSSTERBEN

Neue Arten entwickeln sich stetig, während alte Arten aussterben – das bezeichnet man als „Hintergrundsterben". Aktuell sterben Arten aber mindestens hundertmal so schnell aus wie normal, vielleicht sogar tausendmal! Dieses Aussterben läuft viel schneller ab als ein normales Hintergrundsterben. Pro Stunde gehen etwa drei Arten verloren – wie viele Arten sind also ausgestorben, während du dieses Buch liest? Die Wissenschaft glaubt, dass wir gerade das sechste Massenaussterben auf der Erde erleben. Diesmal wurde es aber nicht von einem Meteoriten verursacht. Diesmal sind wir Menschen schuld!

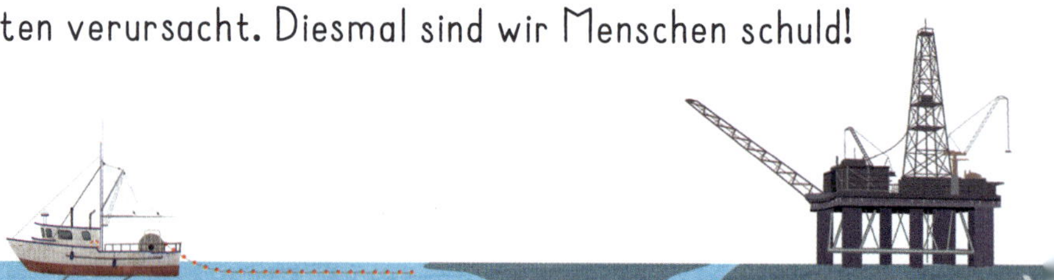

Ungewöhnlicher Grund

Keines der bisherigen Massenaussterben wurde durch ein Tier verursacht, aber es ist ganz eindeutig, dass die Menschen der Grund für das sechste Massenaussterben sind. Unser übermäßiger Konsum führt zur Zerstörung von Lebensräumen. Wir verschmutzen die Umwelt und verursachen den Klimawandel, der die Meere sauer werden lässt. Durch unser Handeln sind schon viele Arten ausgestorben und über 40 000 sind aktuell gefährdet.

WISSEN UND MITGEFÜHL

Das Problem zu kennen reicht nicht. Die Fakten zeigen, dass menschliches Handeln Tieren schadet und die Umwelt vergiftet. Trotzdem ändern wir nichts. Wir brauchen mehr als Wissen – wir brauchen Mitgefühl, das unser Handeln steuert. Mitgefühl heißt, sich um das Leiden anderer zu sorgen, auch der Tiere, von denen wir abhängig sind.

ALLES IST VERBUNDEN

Die Wissenschaft geht davon aus, dass wir selbst aussterben werden, wenn wir nicht damit aufhören, Tiere und Pflanzen auszulöschen. Keine Art kann allein überleben – jede ist Teil eines komplexen Ökosystems, das viele andere Arten umfasst. Lebewesen stehen auf vielfältige Weise miteinander in Wechselwirkung , nicht nur, indem die einen die anderen fressen. Pflanzen und Algen versorgen uns mit dem Sauerstoff, den wir atmen, und ohne die Tausende Arten von Bakterien in unserem Bauch und auf unserer Haut könnten wir nicht überleben.

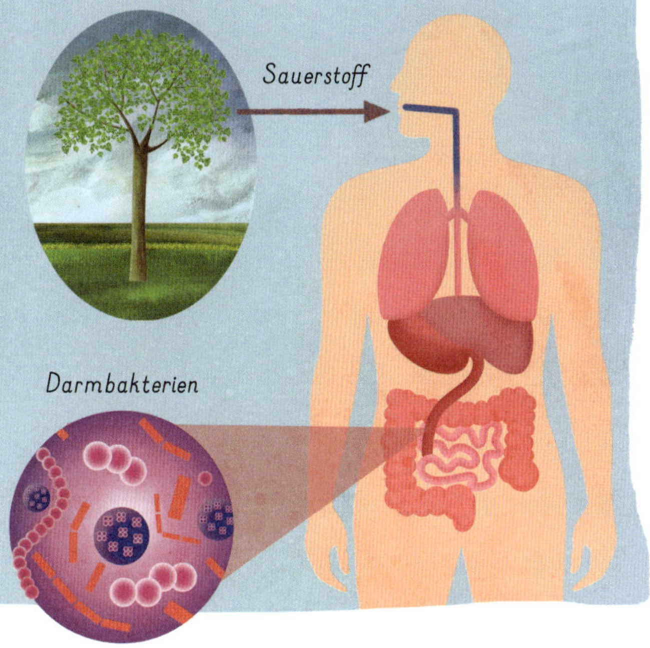

Wie sind Vögel betroffen?

Menschen waren schuld daran, dass Dodos und Elefantenvögel ausstarben. 1914 starb wegen Überjagung und Verlust ihres Lebensraums die Wandertaube aus. Wir schaden Vögeln auch mit den Chemikalien, die wir einsetzen. Das Pestizid DDT ließ die Bestände vieler Vögel schrumpfen, weil es die Schalen ihrer Eier dünner machte, sodass die Küken vor dem Schlüpfen starben. Obwohl es heute in vielen Ländern verboten ist, sterben immer noch Vögel an DDT, weil sich in der Umwelt noch Spuren davon finden.

Haben, haben, haben!

Das Problem ist der Überkonsum. Viele unserer Wünsche werden heute von Unternehmen geweckt, die unser Unterbewusstsein ansprechen, damit wir Dinge wollen, die wir gar nicht unbedingt brauchen. Sie machen uns sogar ein schlechtes Gewissen, wenn wir sie nicht haben. Überkonsum bedeutet, dass wir so viele Ressourcen (zum Beispiel Wasser, Fische und Bäume) verbrauchen, dass Ökosysteme deswegen zusammenbrechen. Die meisten Arten sind an das Leben in bestimmten Lebensräumen angepasst. Zerstören die Menschen aber diese Lebensräume, so sterben die Arten aus.

AKTIV WERDEN!

Wenn wir die Ursache sind, dann können wir auch die Lösung sein! Wie der chinesische Denker Konfuzius einmal sagte: „Bessere dich selbst, und es wird Friede unter dem Himmel sein." Das bedeutet, um die Welt zu verändern, müssen wir uns nur selbst ändern. Wenn wir bedenken, welche Auswirkungen unsere Handlungen auf den Planeten haben, können wir Entscheidungen treffen, die darauf abzielen, die Erde langfristig zu erhalten. Was für die Erde gut ist, ist auch gut für uns – und für Vögel und andere Tiere.

Regenerative Landwirtschaft unterstützen

Weniger und mehrmals verwenden; Plastik und Einwegprodukte meiden

Laufen, Rad fahren und öffentliche Verkehrsmittel nutzen

REGISTER